Imke Berg

„Zeichnungen blinder und sehender Kinder im Vergleich“

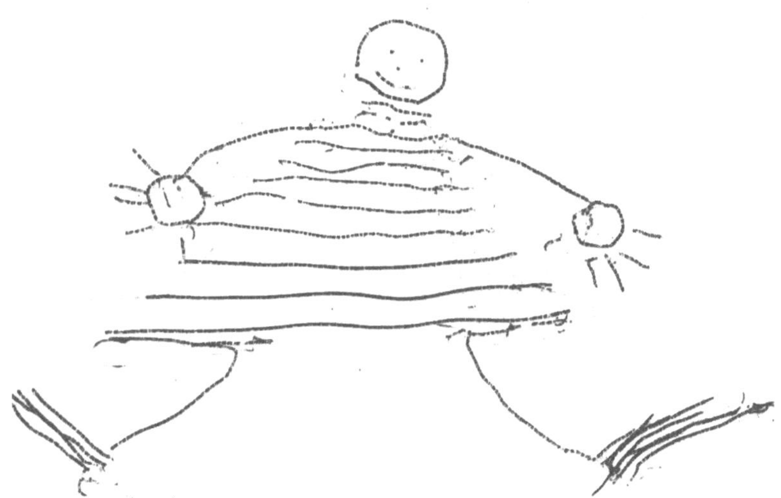

Imke Berg

ZEICHNUNGEN BLINDER UND SEHENDER KINDER IM VERGLEICH

ibidem-Verlag
Stuttgart

Bibliografische Information Der Deutschen Bibliothek

Die Deutsche Bibliothek verzeichnet diese Publikation in der Deutschen Nationalbibliografie; detaillierte bibliografische Daten sind im Internet über <http://dnb.ddb.de> abrufbar.

∞

Gedruckt auf alterungsbeständigem, säurefreien Papier
Printed on acid-free paper

ISBN: 3-89821-308-0

Printed in Germany

VORWORT

Angeregt durch einen Artikel des amerikanischen Wahrnehmungspsychologen J.M. Kennedy über die Zeichenfähigkeit Blinder in der Zeitschrift *„Spektrum der Wissenschaft"*, kam ich auf die Idee, die Merkmale solcher Zeichnungen mit denen der Kinderzeichnung Sehender zu vergleichen. Nie wäre ich zuvor, ohne etwas über Kennedys Forschungen zu wissen, auf den Gedanken gekommen, dass auch Blinde beim Zeichnen auf die gleichen Bildzeichen wie Sehende zurückgreifen. Um so mehr faszinierte mich dieses, für mich zunächst völlig neue Forschungsgebiet in der Kinderzeichnung.

Dr. Klaus Simonsen sei hier auch im Besonderen für das Korrekturlesen meines Manuskripts und die, für meinen Zeichenversuch mit sehenden Kindern zur Verfügung gestellte Kunststunde in seiner Klasse gedankt.

Außerdem möchte ich Wolfgang Scherf M.A. für sein großes Interesse an meiner Arbeit danken. Er war es schließlich auch, der mich auf den Artikel von Kennedy aufmerksam gemacht hat. Mit unendlich viel Geduld hat er meinen Ideen zu diesem Thema gelauscht und mir in zahlreichen Diskussionen durch Kritik und Bestätigung die nötige Kraft und das Selbstvertrauen zu dieser Studie gegeben.

Ich bedanke mich an dieser Stelle auch und vor allem bei den blinden Kindern, die mich freundlich in ihren Unterricht aufgenommen und die beeindruckenden Zeichnungen für diese Studie angefertigt haben.

INHALTSVERZEICHNIS

I. EINLEITUNG

Einen blinden Menschen zum Zeichnen aufzufordern, erscheint zunächst als paradox, da das Zeichnen als eine rein vom Sehsinn abhängige Tätigkeit betrachtet wird. Der sehende Mensch, der auf seine optozentrische Wahrnehmung der Umwelt fixiert ist, kann nur schwer nachvollziehen, dass sich auch ein Blinder ohne Sehsinn plastisch sowie zeichnerisch zu äußern vermag. Das Modellieren und Bildhauen wird dem blinden Menschen noch eher zugetraut, als das auf die Zweidimensionalität beschränkte Anfertigen von Linienzeichnungen. Tatsächlich aber können diese auch losgelöst von visuellen und rein durch haptische Erfahrungen entstehen. Mittels spezieller neuentwickelter Zeichenmaterialien wird es Blinden heute ermöglicht, sich ohne weiteres zeichnerisch ausdrücken zu können. Speziell entwickeltes Zeichenmaterial wie z.B. eine Gummiplatte, auf der eine spezielle Folie aufgezogen wird, kann mit einem Kugelschreiber oder einem ähnlich stumpfen und harten Griffel bezeichnet werden. Aufgrund des Zeichendrucks wölbt sich eine Linienspur auf, die leicht zu ertasten ist. Auch gibt es neuerdings Thermostifte, die auf einem speziellen „Schwellpapier" durch Hitze eine gewölbte Linie hinterlassen. Dadurch kann der blinde Zeichner seine eben hergestellte Linie immer wieder kontrollieren. Mit Hilfe solcher technischen Neuerungen können sich auch heute blinde wie sehende Kinder auf spontane Weise zeichnerisch betätigen. Solche speziellen Zeichengeräte werden aber immer noch nicht ganz selbstverständlich im Kunstunterricht für Blinde eingesetzt.

Die Zeichnungen die durch solche Hilfsmittel angefertigt werden, beweisen, dass Blinde dazu fähig sind, dreidimensionale Objekte zu ertasten, davon ein Bild im Gedächtnis zu entwickeln und dieses auf einer zweidimensionalen Zeichenfläche abstrahiert darzustellen. Auch offenbart sich in den Zeichnungen Blinder die Fähigkeit zu räumlicher Vorstellung, die aufgrund haptischer Informationen gewonnen wurde. In mancher Hinsicht basieren auch die Zeichnungen sehender Kinder eher auf haptischer als auf rein visueller Information.

Ein sehendes Kind vervollständigt die visuelle Informationsaufnahme häufig durch Hinzunahme des Tastsinns. SCHUSTER (1993) sieht dies durch die Gestaltung z.B. einer Würfelzeichnung in Form eines Klappbildes bestätigt. Hier hat das Kind taktil erfahren, dass alle Seiten des Würfels gleichlang sind. Diese stellt es dann alle in einer Ebene der Zeichenfläche „aufgeklappt“ dar. Solche Phänomene lassen sich auch in den Zeichnungen Blinder nachweisen. Sogar die Umrisszeichnungen geburtsblinder Kinder zeigen typische Merkmale der Entwicklungsstufen der Kinderzeichnung Sehender. Jedoch bleiben bei den Zeichnungen Blinder solche Entwicklungsstadien aus, in denen rein optisch wahrnehmbare Sinneserlebnisse wie z.B. Lichtreflexe und Schattierungen eine Rolle spielen. Die Neuerungen beim Zeichenmaterial für Blinde ermöglicht eine gezieltere und systematischere Erforschung der Zeichenfähigkeit von Blinden. Blinde beweisen in ihren Skizzen nicht nur die Fähigkeit zu einer Abstraktion dreidimensionaler Objekte sondern auch zur Vorstellung von Räumlichkeit und metaphorischem Ausdruck.

Bereits im späten 18. Jh. lässt sich zwar ein Interesse an den Zeichnungen Blinder feststellen, aber von methodischen Untersuchungen war man noch weit entfernt. Erstmals formuliert der Philosoph LOCKE (1872) in der Rezitation eines Briefes von MOLINEUX[1] die Bedeutung des Tastsinns für die Objektwahrnehmung. Hier ist von einem blind geborenen Mann die Rede, der durch den Tastsinn gelernt hatte, einen Würfel und eine Kugel, die aus dem gleichen Material gefertigt waren, zu unterscheiden. LOCKE behauptet aber, dass derselbe Mann nicht mehr in der Lage sein würde, die Kugel und den Würfel durch einen plötzlich wiedergefundenen Sehsinn zu erkennen. Die Fähigkeit Blinder, ein imaginäres Bild von einem Gegenstand durch den Tastsinn zu entwickeln und dieses gar in einer Zeichnung ausdrücken zu können, blieb lange umstritten. Erst Wilhelm Voß[2] unternahm in den Jahren nach dem Ersten Weltkrieg erste systematische Untersuchungen zu dieser Problematik. Seine Erforschungen an der Kieler Blindenanstalt[3] haben gezeigt, dass sich auch Blinde durchaus zeichnerisch auszudrücken vermögen. Voß konnte ebenfalls beobachten, dass Blinde durch die Festlegung auf den Tastsinn teilweise auch über ein genaueres Formerleben verfügen können. Die technische Ausrüstung zu Voß` Zeiten war für einen spontanen zeichnerischen Ausdruck nicht geeignet. Die blinden Zeichner konnten nur geometrisch angeordnete Punkte auf einer Blindenschrifttafel zu einem Muster oder zu geometrischen Formen kombinieren. Voß hatte während seines „Raumlehreunterrichts“ plötzlich festgestellt, dass seine blinden Schüler außer den vorgeschriebenen tastbaren geometrischen Zeichnungen

[1] In: Locke, S. 148.
[2] In: Spitzer, S. 14 ff..
[3] Voß war hier von 1926-1941 als Lehrer tätig.

von sich aus eigene Bildzeichen entwickelten. Dieses Phänomen begann Voß nun genauer zu untersuchen. Er bemühte sich auch, verbessertes Zeichenmaterial zu entwickeln. Weiterhin ist innerhalb der deutschen Forschung zu diesem Thema der Wahrnehmungsforscher D. KATZ zu nennen, der in den 20er Jahren die Zeichnungen blinder Jugendlicher sammelte und beobachtete. Seine Forschungsergebnisse waren lange unbekannt, bis sie von den Amerikanern COSTALL & VEDELER[4] übersetzt und auf der *„American Psychological Association Conference"* 1992 in Washington präsentiert wurden. Aber schon in den 70er Jahren hatte sich ein erneutes Interesse am zeichnerischen Verhalten Blinder eingestellt. KATZ bemerkte zu dieser Zeit bereits, dass es deutliche Ähnlichkeiten zwischen den Zeichnungen Blinder und den Kinderzeichnungen Sehender gebe. Modernere Forschungsansätze wie die von LEDERMAN, KLATZKY, CHATWAY & SUMMERS (1990) dementieren jedoch eine zu deutliche Zusicherung zeichnerischer Fähigkeiten Blinder.

Aktuelle Forschungen zum zeichnerischen Verhalten und zum Vergleich mit der Kinderzeichung Sehender erfahren zur Zeit durch den amerikanischen Wahrnehmungspsychologen KENNEDY in Toronto eine immer stärker werdende Anerkennung. KENNEDYS systematischen Wahrnehmungsexperimenten und Zeichentests ist es unter anderem zu verdanken, dass Blinden auf dem Gebiet der Zeichnung größere Fähigkeiten zugesprochen werden und dass dadurch mehr Möglichkeiten entwickelt werden, um diesen den Zugang zur bildenden Kunst und zu eigenem zeichnerischem Schaffen erleichtern zu können.

[4] In: Kennedy, 1993, S. 72.

II. DISPOSITION

Die Untersuchung des zeichnerischen Verhaltens Blinder in vorliegender Studie verfolgt nicht die Intention, Blinde zu Künstlern schulen oder deren Zeichnungen im Hinblick auf deren psychische Befindlichkeit untersuchen zu wollen. Es soll hier vielmehr verdeutlicht werden, dass sich auch Blinde durch die Herstellung einfachster Umrisszeichnungen spontan künstlerisch auszudrücken vermögen. Diese Arbeit soll daher ein Beitrag dazu sein, dass der spontane zeichnerische Ausdruck auch in der Erziehung eines blinden ebenso wie in der eines sehenden Kindes eine selbstverständliche Rolle spielt. Daher möchte ich in dieser Arbeit untersuchen, ob sich Blinde ebenfalls wie Sehende durch einfache Linienzeichnungen spontan zu äußern vermögen und ob bei Blinden als Zeichenanfängern vergleichbare zeichnerische Phänomene wie in der Kinderzeichnung Sehender auftreten. Der Frage, um welche Aspekte der Kinderzeichnung Sehender es sich in den Zeichnungen Blinder handelt, soll in dieser Arbeit hauptsächlich nachgegangen werden.

Ich habe meine Studie in zwei Teile gegliedert. Im ersten Teil werde ich die aktuellsten Forschungsergebnisse des amerikanischen Wahrnehmungsforschers KENNEDY darstellen. Seine Ergebnisse bilden gleichzeitig die Grundlage zu meinen Untersuchungen in dieser Arbeit. Daher stütze ich mich im theoretischen Teil hauptsächlich auf die Ergebnisse, die Kennedy in seinem Buch *„Drawing and the Blind. Pictures to Touch." (1993)* leider bisher nur in Amerika veröffentlicht hat. KENNEDY hat sich hier mit verschiedenen zeichnerischen und vor allem wahrnehmungstheoretischen Aspekten in eigenen Versuchen mit Blinden beschäftigt. Jedoch bleiben seine Ergebnisse nicht unumstritten. Dies möchte ich anhand der Argumentation von LEDERMAN, KLATZKY, CAHTAWAY und SUMMERS (1990) versuchen darzustellen.

Im Kapitel *„Möglichkeiten und Grenzen taktiler Wahrnehmung von erhabenen Umrisslinien"* meiner Arbeit werde ich mich darum bemühen, die Vorzüge und Nachteile einfacher Bilder in Umrisszeichnungen für die taktile Wahrnehmung Blinder aufzuzeigen und dabei der Frage nachgehen, ob diese tastbaren Umrisszeichnungen für Blinde überhaupt sinnvoll genutzt werden können. Hierbei geht es zunächst nur um die Fähigkeiten Blinder, vorgefertigte Umrisszeichnungen in erhabenen Linien durch das Ertasten erkennen zu können.

Im darauf folgenden Kapitel *„Zeichnerisches Verhalten bei Blinden“* werde ich einige zeichnerische Beispiele von blinden Kindern und Erwachsenen vorstellen, die bei von KENNEDY geleiteten Versuchen entstanden waren. Hierbei habe ich speziell solche Beispiele ausgewählt, in denen versucht wurde typische Aspekte der Zeichnung wie Perspektive und bildmetaphorischer Ausdruck abzubilden. Die Zeichnungen werde ich zunächst jeweils selbst kurz beschreiben und mit Hilfe der Hintergrundinformationen von KENNEDY näher auf die Gesichtspunkte der Kinderzeichnung Sehender eingehen. KENNEDYS Beschreibungen allein waren für mich nicht immer nachvollziehbar. Außerdem fehlte öfter die Erwähnung eines mir wichtig erscheinenden Aspektes, der auf eine frappierende Ähnlichkeit mit der Kinderzeichnung Sehender wies. Diese Phänomene werde ich in diesem Kapitel versuchen herauszuarbeiten.

Der zweite Teil meiner Studie schließlich besteht aus der Untersuchung von Bildmaterial einer von mir durchgeführten Untersuchung mit fünf Jugendlichen einer Blindenstudienanstalt in Hessen. Den blinden Versuchsteilnehmern stellte ich zeichnerische Aufgaben aus den Bereichen Perspektive und bildmetaphorischer Ausdruck. Diese Zeichnungen möchte ich zunächst einzeln beschreiben und mit den Phänomenen der Kinderzeichnung Sehender vergleichen. Dazu werde ich unter anderem auf Bildmaterial zurückgreifen, das ich in einem weiteren Versuch mit 22 sehenden Jugendlichen erhalten habe. Den sehenden Jugendlichen wurden die gleichen zeichnerischen Aufgaben gestellt wie zuvor den Blinden. Da die Bearbeitung aller 22 Bildbeispiele den Rahmen dieser Arbeit sprengen würde, werte ich die Hauptmerkmale aller Zeichnungen statistisch aus und stelle nur einige ausgewählte Bildbeispiele als Repräsentanten eines bestimmten Typus näher vor.

In der Versuchsauswertung und im Schlussteil meiner Arbeit sollen die im zweiten Teil der Arbeit gewonnenen Ergebnisse auch im Hinblick auf die Ergebnisse KENNEDYS zusammenfassend dargestellt werden.

III. MÖGLICHKEITEN UND GRENZEN TAKTILER WAHRNEHMUNG VON ERHABENEN UMRISSLINIEN

Um Bilder für Blinde identifizierbar zu machen, wird eine erhabene Umrisslinie in die Form des zu ertastenden Objektes gebracht. Dass diese Methode für die Wahrnehmung blinder Menschen sinnvoll genutzt werden kann, hat KENNEDY (1993) in verschiedenen Tests mit Blinden und Sehenden erfolgreich nachweisen können. KENNEDYS Forschungsansatz entwickelte sich aus der Theorie GIBSONS (1969), wonach die Wahrnehmungssysteme wie Sehen und Fühlen als Detektoren der wichtigsten Eigenschaften der Umwelt fungierten. Die Wahrnehmung mit dem Tast- , Seh- und Gehörsinn diene der Entfaltung eines Wissens mit dem man sich in seiner Umwelt zurechtfindet. Die Umwelt kann aufgrund dieser Perzeptionsfähigkeiten differenziert wahrgenommen werden. Dieser Aspekt wiederum wird dadurch unterstützt, dass die Oberflächen der einzelnen Objekte verschiedene Strukturen aufweisen, die durch das Sehen und durch das Tasten gleichermaßen unterschieden werden können. Tast- und Sehsinn sind daher in demselben Maße fähig, verschiedene Oberflächenstrukturen und die Umrisse der Objekte zu erkennen und zu differenzieren. Beide Wahrnehmungssysteme sind in der Lage, Reliefformen, flache, gebogene und gerundete Formen auseinander zuhalten. Aufgrund dieser Gegebenheiten lassen sich erhabene Umrisszeichnungen zur Wiedergabe einfacher Objektzeichnungen auch für die Tastwahrnehmung Blinder nutzen. Umriss-zeichnungen bieten, so KENNEDY, für den Gebrauch bei Blinden einige Vorteile. Sie sind z.B. einfacher herzustellen als Darstellungen mit detaillierteren Binnenzeichnungen. Die einfache grafische Formensprache der Umrisszeichnung ist für den, mit dem Umgang komplexer Bilder ungeübten, blinden Menschen einfacher zu verstehen und selbst anzufertigen als jede andere grafische Form. KENNEDY betont, dass die Umrisslinie an sich auch leichter zu identifizieren und herzustellen sei als dreidimensionale Modelle und Reliefs.

Die Beschaffenheit eines Objekts, seine Proportionen und seine räumliche Orientierung kann sowohl vom Tastsinn als auch vom Sehsinn gleichermaßen wahrgenommen werden. Die Augen können Kanten und Ecken eines Objektes sehen, die auch die Hand zu erfühlen vermag. Beide Systeme teilen demnach viele der gleich agierenden Wahrnehmungsprinzipien. Diese Fakten sprechen dafür, dass Blinde und Sehende die Welt auf sehr ähnliche Weise empfinden können. Das durch eine gleiche Umwelt erworbene Erfahrungswissen von Blinden und Sehenden dürfte sich folglich kaum voneinander unterscheiden. Daher, so folgerte KENNEDY, müsste es möglich sein, dass Blinde auch Zeichnungen von alltäglichen Objekten verstehen und in gleicher Weise wie Sehende anfertigen können. Auf der Grundlage dieser Erkenntnisse kommt KENNEDY zu folgendem Schluss: *"Both the sighted and the blind person's environments are furnished in similar ways. A table is both a visual table and a tactile table. And, if we share the same domain and are interested in the same properties – if touch and vision often use the same tactics in analysing the world – then is it not possible that sighted and blind people can process depictions the same way?"*.[5] KENNEDY betont, dass aufgrund dieser Erfahrungen die bestimmende Überzeugung revidiert werden müsse, wonach Blinde nicht dazu fähig seien, Bilder verstehen, geschweige denn selbst anfertigen zu können. Seine Versuche sollten die gängige Forschungsmeinung widerlegen, welche die Ansicht vertritt, dass Bilder als zum Körper hin distanzierte Objekte nur die sogenannten *„distalen"* Sinne[6] erreichen. KENNEDY aber betont, dass Bilder durchaus auch den *„proximalen"* Sinn[7] durch Berührung erhabener Umrisslinien aktivieren können. Bisher aber galt die Meinung, dass sich durch das Fühlen allein nur eine „flickenhafte" Wahrnehmung vollzöge. Die Tastwahrnehmung allein könne höchstens einige Teile eines Objektes in kurzer Zeit erkennen. Eine solch lückenhafte Wahrnehmung sei nie dazu in der Lage, ein Set von Berührungen zu einem Gesamteindruck zusammenfassen zu können. Daher wurde bisher angenommen, dass ausschließlich durch den Tastsinn auch keine räumliche Anordnung eines Arrangements von Gegenständen richtig wahrgenommen werden könne. Der Tastsinn, so die gängige Forschungsmeinung, sei weniger leistungsfähig als der Sehsinn. Tatsächlich läuft die Wahrnehmungsverarbeitung durch den Sehsinn in einer wesentlich kürzeren Zeitspanne ab, als durch den Tastsinn. KENNEDYS Untersuchungen zeigen, dass seine Leistungsfähigkeit aber bisher bei weitem unterschätzt wurde. Sie haben gezeigt, dass nach einiger Zeit des Abtastens der zu identifizierenden Gegenstände deren Umrisse klar erkannt wurden.

---

[5] Kennedy, 1993, S. 3.

[6] Zu den distalen Sinnen zählt die Wahrnehmungspsychologie die Sinne, die einen vom Körper entfernten Reiz wahrnehmen. Hierzu gehören der Gehörsinn, der Geruchs- und Sehsinn.

[7] Ein proximaler Sinn, wie z.B. der Tastsinn, arbeitet bei der Wahrnehmungsverarbeitung mit Sinnesreizen, die unmittelbar mit dem Körper des Rezipienten in Berührung kommen.

Wichtig bei der Tastwahrnehmung ist, dass die Finger in steter Bewegung über die Objektoberfläche geführt werden. Dabei stellte KENNEDY fest, dass sich die taktile Wahrnehmung schneller vollzieht, wenn der Blinde beim Ertasten der Gegenstände die Hand vom Versuchsleiter geführt bekommt.[8] KATZ (1925) betont diesen wichtigen Aspekt in seinen Studien zur Tastwahrnehmung. Seine Untersuchungen haben gezeigt, dass die Bewegung der Hände während des Abtastens ein wichtiges Mittel zur Steigerung der Wirksamkeit taktiler Identifikation von Gegenständen ist. *„Dass die Bewegung Tastphänomene schafft, die nur von Gnaden der Bewegung existieren, erweisen alle Modifikationen von Oberflächentastungen; Glätte und Rauhigkeit sind tatsächlich nur bei Bewegung des Tastorgans zur Tastfläche vorhanden nicht aber bei Ruhe."*[9] Das Tasten verfährt mit der Form eines Gegenstandes und dem Arrangement von Objekten in vielem ähnlich wie das Sehen. Es ertastet durch Berührung die Umrisse des Objekts. Das Sehen vermag das zwar, ohne das Objekt zu berühren, „tastet" aber die Oberfläche des Gebildes mit der Augenbewegung im Prinzip in ähnlicher Weise ab. Blinde können Oberflächen und Formen durch taktile Perzeption identifizieren. Da dem so ist, sind sie auch dazu fähig, Obkjektabbildungen auf zweidimensionaler Ebene mit ertastbaren Umrisslinien zu erkennen und eigene Objektzeichnungen in erhabenen Umrisslinien anzufertigen.

Durch eine bestimmte Anordnung von verschiedenen Umrisslinien kann man den Eindruck eines Arrangements von Oberflächen erreichen. So wie das Sehen Umrisslinien für die Unterscheidung von Oberflächen nutzt, arbeitet auch das Tasten. Jedoch sind die Wiedergabemöglichkeiten der Umrisszeichnung begrenzt. Bei der reinen Umrisszeichnung ist es nicht möglich die, dem Sehsinn vorbehaltenen, typischen Komponenten der Wahrnehmung wie Schatten, Wechsel von Farbe und Lichtreflexe auf einer Objektoberfläche darzustellen. Diese Aspekte können in einer reinen Umrisszeichnung nicht wiedergegeben werden. Objekte, die in einer reinen Umrisszeichnung dargestellt wurden, können daher nur über ihre Konturen definiert werden.[10] Schwierigkeiten werden bei der Darstellung von Licht- und Schattenwirkung als Eigenschaften perspektivischer Wirkung sichtbar. Schattenflächen, die

---

[8] Dabei soll verhindert werden, dass der Blinde beim Tasten zu viel Zeit bei der Untersuchung der falschen Stelle oder bei der Planung der nächsten Tastbewegung verliert.

[9] Katz, S. 62.

[10] Kennedy verweist hierzu auf Ähnlichkeiten mit den Umrisszeichnungen der Höhlenmalerei.

ausnahmslos durch eine Umrisslinie angedeutet werden, können bei der reinen Tastwahrnehmung zu Irritationen bei der Identifizierung führen. Räumlichkeit oder die perspektivische Anordnung des Gegenstandes im Raum kann durch das Verkürzen und schräg Darstellen der Umrisslinien sichtbar gemacht werden. Wichtig ist hierbei die Beachtung eines bestimmten Blickwinkels. Beschreibungen von Strukturen aller bekannter Objekte werden, so ELLIS & YOUNG (1991), im Gehirn gespeichert, um diese auch aus einem neuen Blickwinkel erkennen zu können. Der gesehene Gegenstand wird dann mit der Struktur eines bereits bekannten Objekts im Gedächtnis verglichen. Um einen Gegenstand aus einer Umrisszeichnung identifizieren zu können, muss die dreidimensionale Struktur desselben bekannt sein. Es sei oft auch notwendig, so ELLIS & YOUNG, dass der Gegenstand aus einem bekannten Blickwinkel heraus dargestellt werde. Weiterhin machen ELLIS & YOUNG deutlich, dass eine erfolgreiche Erkennung eines Objekts aus der Umrisszeichnung nur dann erfolgen kann, wenn das auf diese Weise dargestellte Objekt gut bekannt ist und wenn es in seiner charakteristischen Form wiedergegeben wird.

Mit verändertem Blickwinkel auf das Objekt verändert sich im Visuellen auch die Formwahrnehmung. Das Sehen ist daher bei der Definition von Objekten auch nicht immer verlässlicher als das Tasten. Daher wird unsere Wahrnehmung in erster Linie von den Formen geleitet, die wir als „Sets" in unserem Gedächtnis gespeichert haben. Bei der Formdefinition greifen wir auf diese Sets zurück. Daher gelingt die Wahrnehmung bekannter Formen eher als die unbekannter Formen. Die Kenntnis des Objekts kann bei Unsicherheit über die Definition desselben durch die Überprüfung der relevanten Linienformen überwunden werden. Untersuchungen von LEDERMAN, KLATZKY, CHATAWAY und SUMMERS (1990) aber haben gezeigt, dass Blinde und Sehende mit verbundenen Augen eher die Umrisslinien eines Objektes in einer zweidimensionalen Zeichnung erkennen konnten, wenn der Zeichnung keine perspektivischen Informationen durch verkürzte oder schräggestellte Linien hinzugefügt wurden.[11] Die Wahrnehmung der reinen Umrisslinie wird durch die Hinzunahme von Merkmalen der Perspektive erschwert. In der visuellen Wahrnehmung erreicht man eine bessere Identifikation des gezeichneten Objektes in

---

[11] Bei dem Versuch Ledermans et. al. waren den Versuchspersonen verschiedene Zeichnungen in erhabener Umrisslinie vorgelegt worden. Ihnen wurde dabei nicht gesagt, welchen Zeichnungen perspektivische Informationen zugefügt waren.

perspektivischer Darstellung, indem man bei den einzelnen Flächen durch Färbung eine Schattenwirkung erzielt. Die visuelle Wahrnehmung analysiert die Umrisslinie in zweifacher Hinsicht. Zum einen nimmt sie die Linienzeichnung als flache Markierung der Konturen eines Objektes wahr. Zum anderen erkennt sie diese als Merkmale von Oberflächenreliefs. Die reine Umrisslinie von Schattenflächen ohne Hinzufügung von Farbabsetzungen erschwert auch dem Sehenden die Vorstellung des abgebildeten Objekts. KENNEDY erklärt hierzu: *"The same patch in outline will often only allow vision to procedure a percept of flat form like a map of an island"*.[12] Die Darstellung eines Objektes in erkennbarer Form erfordert vom Zeichner daher ein großes Abstraktionsvermögen.

Umrisszeichnungen, die eher nur eine schematische Wiedergabe eines Objektes darstellen, sind für den blinden „Betrachter" besser identifizierbar. Allerdings bleibt eine Schemazeichnung immer nur eine abstrakte Form der Gegenstandsabbildung, die keine näheren Informationen über die Individualität des Gegenstandes beinhalten kann. Umrisszeichnungen enthalten keine detaillierteren Spezifizierungen.

Eine Umrisslinie kann auf verschiedene Weisen hergestellt werden. Die Linienkonstanz eines Umrisses kann in ihrer Form stark variieren. Es ist möglich einen Umriss z.B. durch Tupfen oder einzelne Punkte, mit Kreuzen, oder mit Kreuzen im Wechsel mit Punkten darzustellen. Die Darstellung des Umrisses mit verschieden langen Strichen ist ebenfalls denkbar. Jedoch bedarf es bei diesen Arten der Umrissgestaltung einer höheren Bildverarbeitungsleistung im Gehirn, um die einzelnen Elemente als zu einer Umrisslinie zugehörig wahrnehmen zu können.

Ein weiterer Aspekt der Umrisslinie ist der, dass die damit bezeichnete Kontur eines Gegenstandes nur auf einer Seite der Linie erscheint. Eine Linie weist aber immer auch zwei Konturen auf, eine innere und eine äußere. Dies ist ebenfalls bei der zu ertastenden Linie der Fall. Sie kann daher auch mehr als eine Kontur darstellen. KENNEDY betont, dass die axiale Ausrichtung einer Umrisszeichnung auch durch den Tastsinn entziffert werden könne. Die Wahrnehmung der axialen Ausrichtung, liefert die Information über die Lage des Gegenstandes im Raum. Dadurch lasse sich

[12] Kennedy, 1993, S. 34.

der Gegenstand an sich auch leichter identifizieren. KENNEDY behauptet, dass Umrisszeichnungen in ihrer Reduktion des Gegenstandes auf seine wesentlichen Merkmale auch von Menschen ohne Vertrautheit im Umgang mit Bildern verstanden werden könnten. Er verweist auf einen Versuch mit Kindern aus Papua Neu Guinea, die keinerlei Erfahrung mit Bildern hatten. Ihnen wurden visuell wahrnehmbare Umrisszeichnungen von alltäglichen Gegenständen vorgelegt. Die Kinder waren, auch ohne weitere Erläuterungen zu den Bildern bekommen zu haben, imstande die Gegenstände zu identifizieren. Dieses Versuchsergebnis brachte KENNEDY daher zu der Annahme, dass auch Blinde ohne Erfahrung mit Bildern eine erhabene Umrisszeichnung als Abbildung eines bestimmten Gegenstandes verstehen könnten.

Eine Konturenzeichnung durch Umrisslinien schließt mehr Informationen über Räumlichkeit in ihrer Darstellung mit ein, als eine sogenannte „Patchwork – Zeichnung“ die sich nur aus hellen, lichtbeschienenen und dunklen, beschatteten Flächen zusammensetzt.

Die Darstellung von Schattenregionen in der reinen Umrisszeichnung erschwert, wie oben schon erwähnt, die Wiedererkennung durch den Tastsinn. Die Darstellung von Schatten kann die Tastwahrnehmung außerdem verfälschen, da der Schatten je nach Beleuchtung des Gegenstandes schmaler, kürzer oder länger als dieser ausfallen kann. Die Wahrnehmung solcher Phänomene bleibt nach wie vor dem visuellen Sinn vorbehalten.

Bestimmte Wahrnehmungsprozesse leiten die Identifikation der Form einer Konturenzeichnung. Wenn keine weiteren wesentlichen Details bei einer Umrisszeichnung vorhanden sind, erlaubt die Findung der axialen Ausrichtung des Gegenstands die Identifizierung der, die Form bestimmenden, typischen Merkmale eines Gegenstands. Diesen Prozess sieht KENNEDY als dem *„Top – Down – Prozess“*[13] zugehörig. *„So the top – down – process is like an echo in the system returning to influence the axisfinding on which it is based.“*[14] Dieser *Top – Down – Prozess* steht in ständiger Interaktion mit dem *„Bottom – Up – Prozess“*, der für die

[13] Hierbei verläuft die Wahrnehmungsverarbeitung auf Informationen höherer Ebene ab. Die Wahrnehmung wird vom Vorwissen einer Person über einen Gegenstand und dem Bedeutungsgehalt des Kontextes, in dem ein Gegenstand erscheint, gesteuert.

[14] Kennedy, 1993, S. 48.

Analyse der Anordnung von Konturen innerhalb eines bestimmten Kontexts verantwortlich ist. Diese perzeptuellen Verarbeitungsmechanismen steuern auch beim Blinden das Wissen um den jeweiligen Gegenstand.

Die Informationsverarbeitung von Konturen findet im „V_1" und „V_2", zwei Arealen des *visuellen Cortex*[15] im Gehirn statt. Durch die Wahrnehmung von Linien wird erst V_1, dann V_2 aktiviert. KENNEDY nimmt daher an, dass V_2 mit einem Gehirnareal zusammenarbeitet, das für die Identifikation von Schattenflächen zuständig ist. Seiner Meinung nach werden die wahrgenommenen Linien zunächst als flache Begrenzungslinien erkannt. Weiter vollzieht sich hier die Analyse der Axialität. Die Erkennung der Axialität eines Gegenstands stimuliert einen generellen Prozess der Formerkennung, der nicht allein vom visuellen System sondern von allen sensorischen Sinnen abhängig ist. Die eben angesprochene Gehirnregion verarbeitet Inputs der visuellen sowie der taktilen Wahrnehmung gleichermaßen. Diese Verarbeitungseinheit ist allgemein dafür zuständig, Kontureindrücke aufzunehmen und unabhängig vom Sinnessystem zu identifizieren. Sie orientiert sich nicht allein an Merkmalen wie Helligkeit oder Farbe, sondern auch an der Struktur und Form einer Linie die sich gegen einen andersartigen Hintergrund absetzt. Diese Linie kann vom Sehenden als optische und vom Blinden als eine mit der Fingerkuppe nachfahrbare erhabene Begrenzung wahrgenommen werden. *„Insofern die hier wirksamen Prinzipien nicht allein visueller Natur sind, könnte man die beteiligte Gehirnregion auch multi- oder wie allgemein üblich amodal nennen."*[16] Bei Sehenden werden in dieser Gehirnregion die Informationen über die Umwelt von Tast- und Sehsinn gleichermaßen verarbeitet. Aber auch wenn die visuellen Eindrücke bei Blinden völlig fehlen, funktioniert das Gehirngebiet auf die gleiche Weise. Diese Tatsachen unterstreichen die Annahme, dass Blinde fähig sind, ein Bild in fühlbaren Umrisszeichnungen verstehen zu können. Die Informationsverarbeitung über das Tasten oder das Sehen verläuft also auf sehr ähnliche Weise.

Die Wahrnehmungsfähigkeit, verschiedene Formumrisse unterscheiden zu können, bedarf jedoch eines bestimmten Entwicklungsstadiums der Perzeptions-

[15] Der visuelle Cortex besteht aus verschiedenen Arealen, die untereinander durch getrennte Faserbahnen synaptisch miteinander verbunden sind, wodurch eine parallele Informationsverarbeitung ermöglicht wird.

[16] Kennedy, 1997, S. 88.

fähigkeit, das in der Regel im Alter von ca. fünf Jahren erreicht wird. VERNON (1974) erklärt, dass das erste Wahrnehmungsstadium, nach Ansicht der Gestaltpsychologie, die Fähigkeit mit einschließe, den Figurumriss vom Hintergrund getrennt erkennen zu können. Bevor dieses Stadium nicht erreicht sei, könne man noch nicht von wirklicher Formwahrnehmung sprechen. Experimente machen deutlich, dass die Fähigkeit, Formen vom Hintergrund getrennt wahrnehmen und von anderen Formen diskriminieren zu können, mit dem Alter zunehme. Jedoch, so VERNON, entwickele sich die Fähigkeit zur exakten Diskriminierung und Identifikation von Figuren nur langsam. Kinder, die in der Formwahrnehmung noch nicht so geübt sind wie Erwachsene, ergänzen ihre visuellen Eindrücke durch Hinzunahme der taktilen Wahrnehmung. Sie verfolgen mittels Tastsinn die Umrisse einer Form mit den Händen und steigern somit ihre Aufmerksamkeit auf den Formverlauf eines Gegenstandes. Die unausgereifte Formwahrnehmung eines Kindes kann also durch das Nachfahren einer Kontur mit den Fingern begünstigt werden. VERNON erklärt, dass Kinder unter fünf Jahren Schwierigkeiten haben, Unterschiede zwischen zwei Figuren im Gedächtnis zu behalten, wenn sie nicht ihre Konturen mit den Händen nachfahren konnten. *„Es scheint also, als trage der taktile Umgang zur Identifikation bei, indem er die genaue Wahrnehmung der Kontur verstärkt.“*[17] Mit zunehmendem Alter aber werde die taktile Formwahrnehmung mehr und mehr verdrängt. Der visuelle Eindruck bestimmt dann fast ausschließlich, was wahrgenommen wird. HELLER (1991) betont, dass sehende Menschen ihr Vertrauen eher in den visuellen Sinn legen und diesen besser als den taktilen Sinn weiterentwickeln. Daher versäumen sie es, die Sensibilität des taktilen und des auditorischen Sinns zu fördern und zu verfeinern. In der Entwicklung sehender Kinder bleibt die Ausbildung des Tastsinns meist hinter dem Sehsinn zurück. Es wurde oft angenommen, dass die Wahrnehmung Spät erblindeter durch die im Gedächtnis bewahrten visuellen Eindrücke gesteuert werde. Man hat daher gerade auch blind geborene Personen als Vergleichsgruppen für Untersuchungen zu diesen Fragen herangezogen. Die Untersuchungen haben gezeigt, dass die von Geburt an Blinden, die Spät erblindeten und auch die Sehenden in gleicher Weise fähig waren, Oberflächenstrukturen von Gegenständen zu erkennen und zu differenzieren. Es wird hier also deutlich, dass die Erinnerung an optische Eindrücke für die Beurteilung von Oberflächenstrukturen nicht ausschlaggebend ist. Im Gegenteil. Es hat sich sogar

[17] Vernon, S. 40.

gezeigt, dass der Tastsinn mehr verlässliche Informationen wahrnehmen kann als der visuelle Sinn allein.

Wie schon erwähnt, unterliegt der Tastsinn durch den höheren Zeitaufwand bei der Identifikation einer Form in erheblichem Maße dem Sehsinn. Die Versuchsergebnisse von LEDERMAN et al., haben hierbei auch gezeigt, dass je größer das zu ertastende Objekt, desto länger die Erkennungszeit durch den Tastsinn ist. Jedoch erweist sich bei der Erkennung von kleineren Mustern durch den Tastsinn ein gegenteiliger Effekt. *„Small patterns are no problem for early or late blind people, and they perform more efficiently than the sighted when restricted to the sense of touch.“*[18] Wenn das Muster kleiner als die Fingerkuppen ist, erkennen Sehende mit verbundenen Augen dies nicht besser als Blinde. Die Sehenden verfahren dabei häufig sogar langsamer. Dass Blinde durch ihren Tastsinn die Textur eines Objektes und seine Beschaffenheit hinsichtlich des Gewichts, der Härte und der Proportionen beurteilen können, hatte die herkömmliche Forschung zwar anerkannt, aber die Fähigkeit Bilder in erhabenen Umrisslinien erkennen zu können, wurde den Blinden nicht zugesprochen. *„Die Hand kann tasten, betasten, stoßen, drücken, reiben, oder heben; viele Eigenschaften eines Gegenstandes können auf diese Weise auch in der Abwesenheit eines visuellen Eingangs wahrgenommen werden. Zu den Eigenschaften, die wir 'tastbar' nennen, gehören 1. geometrische Variablen wie Form, Ausmaße und Proportionen, Neigungen und Ecken oder Kurven und Erhöhungen, 2. Oberflächenvariablen wie Textur oder Rauheit – Glätte, und 3. Materialvariablen wie Gewicht oder Masse und Rigidität – Plastizität.“*[19]

Die Tatsache, dass blinde Kinder fähig sind, haptisch wahrnehmbare Landkarten zu verstehen, ist schon länger bekannt.[20] MILLAR (1991) betont, dass diese Landkarten wie die zweidimensionalen Umrisszeichnungen in erhabenen Linien hergestellt werden. Auf diese Weise werden hier ebenfalls dreidimensionale Raumrelationen in zweidimensionale Konfigurationen „übersetzt". Die Wahrnehmung und Identifizierung einer solchen Transformation ist mit einer Anzahl von kognitiven und perzeptuellen Prozessen und Fertigkeiten gekoppelt.

---

[18] Heller, S. 247.
[19] Gibson, S. 160.
[20] Ertastbare Landkarten werden schon länger im Geographieunterricht eingesetzt.

Welche Umstände unterstützen aber nun das Verständnis von Umrisszeichnungen, die als Symbole dreidimensionaler Objekte fungieren. Ein Blinder verfährt bei der Wahrnehmung von zweidimensionalen erhabenen Umrisslinien durch das Erschließen ähnlicher Tastbewegungen bei dem Umriss des Objektes und bei der Untersuchung der entsprechenden Umrisszeichnung. Dieses Verfahren unterstützt auch das Wiedererkennen unbekannter Formumrisse.

Um tastbare Umrissformen für Blinde erkennbar herzustellen, muss beachtet werden, dass sich die abgebildete Figur vom Hintergrund genügend abhebt. BERLÁ (1982) weist daraufhin, dass erhabene Figurumrisse von Blinden leichter und schneller identifiziert werden können als Figurumrisse, die in den Hintergrund eingeritzt wurden.

Damit Farbunterschiede angrenzender Flächen verdeutlicht werden können, werden diese für Blinde mit unterschiedlicher Textur ausgestattet. Versuche mit den oben beschriebenen Landkarten haben gezeigt, dass diese Technik den Erkennungsprozess einer Form eher erschwert. *„This study showed that the addition of texture to a map made it more difficult to detect tactual figures. Unlike colour, texture did not enhance performance but degraded it.“*[21] Erfolgreicher erweist sich hier die Verwendung von erhabenen Begrenzungslinien. Blinden Kindern wurde eine Landkarte mit den Umrissen von fünf US – Staaten in dreifacher Ausfertigung vorgelegt. Eine Ausfertigung war in dünnen erhabenen, eine zweite in breiten erhabenen und eine dritte in breiten vertieften Umrisslinien gestaltet. Die Kinder sollten die Umrisse identifizieren. Als signifikantes Ergebnis stellte sich heraus, dass die Landkarte mit den breiten erhabenen Umrissen für die Kinder leichter zu identifizieren war. Hierbei wurden mehr Umrisse in kürzerer Zeit als bei den beiden anderen Ausfertigungen identifiziert. BERLÁ erklärt, dass eine zu dünne Umrisslinie bei einem Blinden Verwirrung hervorrufen könne, wenn er die schmale Oberfläche des Striches nachfährt und dabei fälschlicherweise auf Linien geraten kann, die sich mit der Umrisslinie kreuzen, aber nichts mit der eigentlichen Umrisslinie zu tun haben. Wenn der Blinde bei der breiteren Umrisslinie die Innenkante nachfahre, werde vermieden, dass ihn Linien, die die Umrisslinie des zu ertastenden Umrisses

[21] Berlá, S. 369.

kreuzen, ablenken. KENNEDY (1997) macht in diesem Zusammenhang deutlich, dass eine Umrisslinie streng genommen immer zwei Ränder aufweist, einen inneren und einen äußeren. Ist der Strich genügend dick, werden diese Ränder auch getrennt wahrgenommen. Im Visuellen kann eine immer dicker angelegte Kontur z.B. eines Kopfprofils schließlich als Darstellung zweier Gesichter oder als Kopf mit Schatten wahrgenommen werden. Blinde erleben dieses Phänomen ähnlich. KENNEDY ließ eine blinde Studentin mehrere Profildarstellungen mit verschieden breit ausgefallenen Linien abtasten. Bei einem Millimeter Abstand von einem Rand zum anderen nahm die Studentin eine Profildarstellung wahr und bei acht Millimetern bereits zwei. Diese Ergebnisse zeigen, dass die Wahrnehmung von Objekten in erhabenen Umrisslinien auch entschieden von der Dicke der Linie abhängt.

Obwohl einige Untersuchungen bewiesen haben, dass Blinde Bilder in erhabenen Umrisszeichnungen verstehen können, bleibt diese Behauptung umstritten. LEDERMAN et al. beurteilen ihre Versuchsergebnisse mit zweidimensionalen haptischen Bildern eher skeptisch. In ihren Untersuchungen gab es große Diskrepanzen zwischen der Identifikation von realen Objekten und den Objekten in erhabenen Umrisslinien. Bei der Erkennung realer Objekte, erreichten die Versuchspersonen (Sehende mit verbundenen Augen und Blinde) eine Trefferquote von 100%. Bei den in erhabenen Umrisslinien zweidimensional dargestellten Objekten[22] dagegen erkannten die Sehenden mit verbundenen Augen nur 33% der Objekte und die Blinden[23] sogar nur 10%. Diese auffallend große Differenz zwischen den jeweiligen Erfolgsquoten brachten LEDERMAN et al. zu der skeptischen Auffassung, dass man dieses, hinsichtlich der Identifizierung der Linienzeichnungen, schlechte Ergebnis nicht allein auf die Unerfahrenheit der Versuchspersonen mit tastbaren Graphiken zurückführen könne. LEDERMAN et al. gewannen daraus eher die Ansicht, dass sich eine starke Einschränkung des Gebrauchs zweidimensionaler tastbarer Bilder für Blinde generell zeige. Viele von diesen Darstellungen eigneten sich nicht für die Identifizierung durch das haptische System. Dieses sei bei der Erkennung dreidimensionaler realer Objekte effektiver. Es vermag die relevanten Eigenschaften des Gegenstandes zu erkennen, um die wirklich entscheidenden Objektattribute bestimmen zu können. Zweidimensionale Zeichnungen, so LEDERMAN et al., enthielten oft Zeichen, die für den taktilen Sinn ungeeignet seien.

[22] Die Darstellungen beziehen sich auf alltägliche Objekte.

Als weiteres Gegenargument führen sie die Tatsache an, dass eine tastbare Abbildung niemals so viel Information über die Beschaffenheit des Objektes wie das Objekt selbst enthalten könne und dass dadurch dem Blinden die Identifikation schwerer falle. Wenn sich der blinde Benutzer einer solchen Zeichnung nur an diesen wenigen Informationen orientieren kann, scheinen die haptischen Bilder, nach der Meinung von LEDERMAN et al., ohne ein gewisses Maß an Training von geringer Brauchbarkeit zu sein. Daher stehen sie KENNEDYS optimistischer Einstellung zum Nutzen der erhabenen Umrisszeichnungen eher skeptisch gegenüber. KENNEDY hat aber aus Beobachtungen durchaus die Erfahrung gewonnen, dass Blinde auch ohne großes Training in der Lage waren, haptische Bilder zu verstehen, obwohl diese natürlich weniger Informationen über den dargestellten Gegenstand enthalten. Er testete die Effektivität von Umrisszeichnungen zunächst an acht blinden Studenten der Harvard Universität. Er legte ihnen acht Linienzeichnungen vor [Abb. 1].

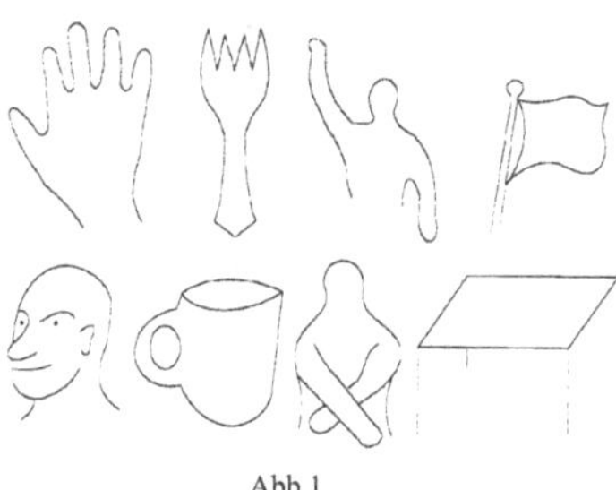

Abb.1.

Bei vier dieser Umrisse (Hand, Gabel, Mann mit erhobenem Arm und Fahne) wurden die Umrisse durch eine Art Abdruck in weichem Ton gewonnen. Die Form des Gegenstandes erschien also in den Hintergrund vertieft. Die anderen vier Umrisse bestanden aus fühlbaren erhabenen Linien.[24] Das Alter der Versuchspersonen rangierte zwischen 18 – 23 Jahren. Fünf von ihnen waren von Geburt an blind. Eine Versuchsperson erblindete im sechsten, eine im dritten Lebensjahr und eine war im Alter von drei Monaten erblindet. Alle erklärten, vor dem Versuch keine Erfahrung mit Bildern gemacht zu haben. Zunächst bekamen die Versuchspersonen[25] die „Formabdrücke“, dann die Linienzeichnungen je als Gruppe vorgelegt. Die Präsentation der einzelnen Bilder erfolgte in beliebiger Reihenfolge. Insgesamt

---

[23] Es handelte sich dabei um von Geburt an Blinde.

[24] Die Größe der Zeichnungen betrug 7-10 cm.

[25] Die Versuchspersonen wurden individuell getestet.

wurden fünf Formabdrücke und fünf Linienzeichnungen richtig identifiziert. Vier der Versuchspersonen erkannten keine Abbildung richtig. Die Blinden gaben an, dass ihnen die Identifizierung der Hand am leichtesten fiel. Sie wurde insgesamt dreimal richtig erkannt. Die Gabel, die Tasse und der Tisch konnten je zweimal richtig wiedererkannt werden. Das Gesicht schließlich wurde nur einmal richtig bestimmt. Numerisch ausgedrückt kommen bei diesem Versuch 1,25 richtig erkannte Zeichnungen auf eine Person. KENNEDY vergleicht dieses Ergebnis mit einem Pretest, den er mit Sehenden, die die Augen verbunden bekamen, durchgeführt hatte. Pro Versuchsperson wurden hier 2,4 Bilder richtig erkannt. Diese Ergebnisse sprechen bei der ersten Betrachtung nicht unbedingt für eine sinnvolle Verwendung tastbarer Bilder für Blinde. Diese haben deutlich weniger Bilder identifizieren können als Sehende, die im Umgang mit Bildern geübt waren. Aber auch ihr Ergebnis kann man nicht als sehr gut bezeichnen. KENNEDY erklärt, dass es einige Missdeutungen von Linienzeichnungen in beiden Versuchen gegeben habe. Die Gabel wurde z.B. fälschlicherweise als Tierkralle, als Kerze mit Flammen und als Blatt wahrgenommen. KENNEDY berichtet auch von einem solchen Fall, wo eine blinde Versuchsperson die Gabel richtig erkannt und dies jedoch wieder revidiert hatte. Irritationen bei der Identifikation der Bilder wurden von den Versuchspersonen oft auf die Art der zeichnerischen Darstellungsweise des Objektes zurückgeführt. Es gab z.B. daher meistens Schwierigkeiten bei der Identifikation der Tasse, da das Loch im Henkel irrtümlich für eine Oberfläche statt für einen Bereich des Hintergrunds gehalten wurde. Die blinden Versuchspersonen gaben interessanter Weise eigene Lösungsvorschläge für die Zeichnungen. Letztere Beobachtung bestärkt trotz der schlechten Versuchsergebnisse KENNEDYS Annahme, dass Umrisszeichnungen für Blinde durchaus Sinn machen. Niemand der blinden Versuchsteilnehmer, so berichtet KENNEDY, stellte die Umrisszeichnungen als Symbolisierung eines Gegenstands an sich in Frage. Das Prinzip einer Linienzeichnung wurde von den Blinden auf Anhieb verstanden. KENNEDY sieht sich hierin, durch die oben genannten Reaktionen der Blinden auf die Umrisszeichnung, bestärkt. *„Admittedly, no one volunteer had identified many drawings. But neither were the volunteers entirely baffled, as they would have been if confronted with a foreign language.“*[26] Seine Ergebnisse indizieren, dass Blinde die Fähigkeit besitzen, mit Bildern umgehen zu können, so dass sie einige erfühlbare Umrisszeichnungen auch ohne Training erkennen können.

---

[26] Kennedy, 1993, S. 61.

KENNEDY überlegte weiter, ob Bilder besser identifiziert werden können, wenn sie im Kontext einer Geschichte auftreten. Er konzipierte einen Versuch in dem den blinden Versuchsteilnehmern Geschichten in Braille-Schrift und Bilder, die die Geschichte illustrierten, in einfachen erhabenen Umrisslinien vorgelegt wurden. Bei jeder Illustration zur jeweiligen Geschichte verwendete er dasselbe Prinzip. Im Laufe der Geschichte wurde ein Teil des gezeichneten Objekts dargestellt, der in der Geschichte genau beschrieben wurde. Am Ende der Geschichte erschien das gesamte Objekt mit jedem beschriebenen Teil an der richtigen Stelle platziert. Die Überlegung die hinter dieser Versuchsanordnung stand, war die, dass Bilder mit größerer Komplexität schwieriger zu identifizieren sind. Wenn nun aber jede Komponente des komplexen Gegenstands in einem Text beschrieben wird, kann diese Methode die Identifizierung des abgebildeten Gegenstands erleichtern. Schwierig dabei bleibt die Zuordnung der einzelnen Teile untereinander. Diese Unsicherheit über die Relationen der Teile zueinander sollte aber als Motivation der Leser bzw. Bildbetrachter dienen, die Teile genau zu ertasten, um sich den „geheimnisvollen" Gegenstand komplett vorstellen zu können. Den 17 erwachsenen blinden Versuchsteilnehmern[27] im Alter von 17- 47 Jahren wurde erklärt, dass diese illustrierten Geschichten für blinde Kinder gedacht wären und dass sie beurteilen sollten, ob die Illustrationen für diese geeignet seien.[28] Zehn der Versuchspersonen waren absolut blind. Vier konnten Licht wahrnehmen und drei verfügten über eine sehr geringe Sehkraft.[29] Die folgenden Zeichnungen sollten mit Hilfe der Geschichten erkannt werden: ein Elefant, ein Entenküken, eine Gitarre und ein Dreirad. Insgesamt wurden die Zeichnungen 41 mal richtig erkannt. In 39 dieser Fälle wurde Hilfe vom Versuchsleiter gefordert. Grund waren Momente des Zweifels über die Ausrichtung des Gegenstandes, d.h. ob er frontal oder von der Seite dargestellt war. Wurde dieser Zweifel beseitigt, ging die Identifikation mühelos vonstatten. Zwei Früh erblindete waren durch die Sicht von oben auf die Maus [Abb. 2] irritiert.

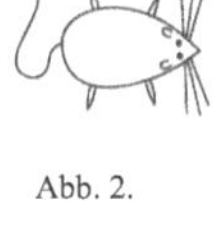

Abb. 2.

[27] Sie gehörten der *„Boost – Organisation"*, einer Selbsthilfegruppe für Blinde, an.

[28] Den Versuchspersonen wurde seitens des Versuchsleiters keine Hilfestellung gegeben. Nur, wenn eine Versuchsperson das Bedürfnis äußerte, wurde Hilfestellung gewährt.

[29] Sie konnten Zeitungsüberschriften lesen, wenn sie diese dicht genug vor die Augen hielten.

Sie gaben an, dass es besser sei, die Maus von der Seite abzubilden. Eine andere Versuchsteilnehmerin gab an, dass es eher von Vorteil wäre, wenn beide Ansichten der Maus auf einer Seite dargestellt würden. Generell waren die Bilder im Zusammenhang mit den Geschichten als klar und verständlich erachtet worden.

Ein weiterer Versuch KENNEDYS beschäftigte sich mit der Bestimmung von Linienzeichnungen ohne beigefügte Geschichte. Die Bilder beinhalteten alltägliche Gegenstände. Die fünf Versuchsteilnehmer des eben beschriebenen Versuchs mit der geringsten visuellen Erfahrung sollten die Bilder ohne weitere Anhaltspunkte erkennen. Die einzige Hilfestellung dabei war höchstens der Hinweis auf die generelle Kategorie zu der ein Gegenstand gehörte. Dieser Hinweis, so KENNEDY, steigerte den Identifikationserfolg erheblich. Nach den ersten Fehlversuchen wurde dieser Hinweis auf die Kategorie gegeben. Danach enkodierten die Versuchsteilnehmer, die Schwierigkeiten bei der Erkennung einer Zeichnung hatten, den dargestellten Gegenstand schnell. Ohne Hilfestellung wurden 34% der Bilder erkannt. Die Ergebnisse zeigen, dass die Versuchspersonen bei der Identifikation der Zeichnungen stark vom Kontext abhängig waren. Das wird auch durch die höhere Erkennungsrate bei den Illustrationen der Geschichten deutlich. Im letzteren Versuch wird augenscheinlich, dass es sich beim Kontext nicht unbedingt um eine dem Bild beigefügte Geschichte handeln muss, sondern, dass der Hinweis auf die Kategorie, in die der Gegenstand gehört, reicht, um die Zeichnung zu entziffern. Wurde eine bestimmte Zeichnung z.B. als zur Kategorie „Frucht" einmal richtig erkannt, fiel den Versuchsteilnehmern die Erkennung einer anderen Fruchtdarstellung um so leichter. HELLER[30] wies KENNEDY in diesem Zusammenhang darauf hin, dass einzelne Objekte in einer tastbaren Zeichnung leichter zu entziffern seien, wenn sie im Zusammenhang einer bildhaften Szene dargestellt würden. KENNEDY konzipierte daraufhin für einen weiteren Versuch zur Kontextabhängigkeit die Linienzeichnung eines Wohnraumes [Abb. 3]. Drei blinden erwachsenen Versuchspersonen wurde diese Szene mit dem Hinweis vorgelegt, dass es sich hierbei um ein Bild einer bestimmten Umgebung mit den dazugehörigen verschiedenen Objekten handele. Eine spät erblindete Versuchsperson identifizierte jedes in der Szene dargestellte Objekt. Einer früh erblindeten Versuchsperson musste erst der Hinweis auf den Tisch gegeben werden, dann vermochte sie es alle anderen Objekte mühelos zu erkennen.

---

[30] Heller, M. in: Kennedy 1993, S. 67.

Der dritte Versuchsteilnehmer schließlich, der im Alter von 36 Monaten erblindet war, identifizierte alle Objekte ohne Hilfe. KENNEDY sieht HELLERS These hiermit bestätigt: „*A scene can produce high rates of object identification.*“[31]

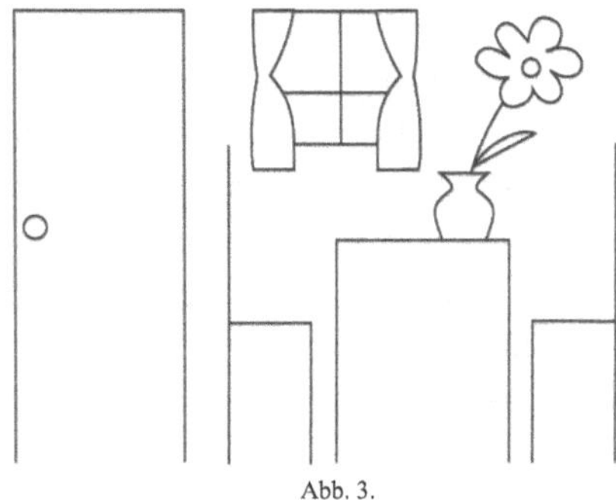

Abb. 3.

Auch HELLER (1989) untersuchte die Wahrnehmungsfähigkeit von Umrisslinien bei blinden und sehenden Erwachsenen.[32] Die Versuchspersonen sollten zwölf Zeichnungen erkennen: Batterie, Schlüssel, Stempel, Gesicht, Armbanduhr, Telefon, Flasche, Mensch, Kleiderbügel, Spazierstock, Schere und Regenschirm. Zunächst wurden die Bilder ohne Hilfestellung dargeboten. Dann wurde den Versuchspersonen eine Liste mit den Objektnamen dazugegeben. Im ersten Versuchsteil schnitten die Sehenden mit einer Erfolgsquote von 13%, die Früh erblindeten mit 9% und die Spät erblindeten mit 36% ab.

Nachdem die Liste mit den Objektnamen beigegeben wurde, stiegen die Erkennungsquoten beachtlich an. Die Sehenden erkannten 60% der Zeichnungen, die Früh erblindeten 49% und die Spät erblindeten 82%.

Auffallend bei diesen Ergebnissen ist die Tatsache, dass die Spät erblindeten jedes Mal im Vorteil gewesen zu sein scheinen. Signifikant ist auch, dass die Benennung der Bilder nach der Zugabe der Objektliste einfacher zu sein schien. HELLER stellt fest: „*The late blind showed a dramatic superiority in picture*

[31] Kennedy, 1993, S. 67.
[32] Sie waren im Alter von 25 – 45 Jahren.

perception when combined with significant experience of tactile pattern perception."[33] Spät erblindete seien seiner Meinung nach deshalb im Vorteil, weil sie häufig über einen besser ausgeprägten Tastsinn als Sehende verfügten und weil sie eher auf visuelle Objekteindrücke in ihrer Erinnerung zurückgreifen könnten. HELLER bemerkt ebenfalls, dass die Bilder selbst in ihrer Identifizierbarkeit variierten. *„It was most interesting that the simplest forms were not invariably the easiest for the blind."*[34] Die Abbildung eines Gesichts wurde einmal isoliert und einmal in einem Körper integriert dargeboten. Es zeigte sich, dass das Erkennen des isoliert dargestellten Gesichts für Blinde schwieriger war. Dies war bei den Sehenden genau umgekehrt. HELLER stellt fest, dass die Auslassung von Details die Objektwahrnehmungsfähigkeit nicht immer unterstützt und diese sogar behindern kann. Er schließt aus seinen Beobachtungen, dass visuelle Erfahrung für die taktile Wahrnehmung nicht zwingend notwendig ist.

KENNEDY (1993) untersuchte die Wahrnehmung der räumlichen Orientierung eines Gegenstandes. Auf Kreisen aus Braille-Papier wurde eine stehende Figur in erhabenen Umrisslinien einmal frontal und einmal in Seitenansicht angefertigt [Abb. 4].

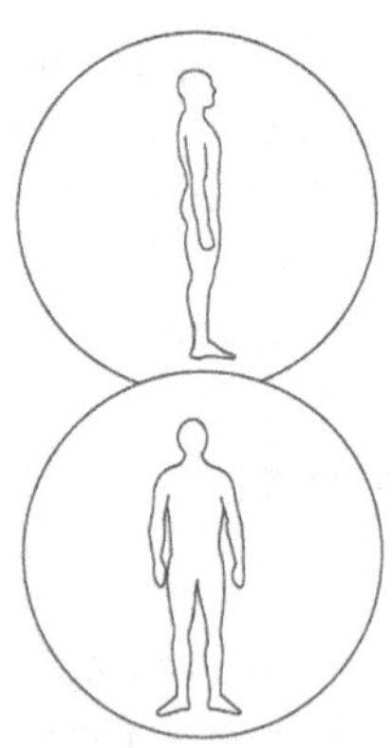

Abb. 4.

[33] Heller, 1989, S. 387.
[34] Heller, S. 385.

Die Figuren wurden blinden Erwachsenen in vertikaler und horizontaler Orientierung präsentiert. KENNEDY wollte auf diese Weise herausfinden, welche der Figuren in welcher Ausrichtung als „liegend“ und welche als „stehend“ wahrgenommen wird. Die beiden Abbildungen wurden von den Blinden bei vertikaler Orientierung als „stehend“ und bei horizontaler als „liegend“ beschrieben. Die Blinden unterschieden hier zwei verschiedene Ansichten. Die horizontal ausgerichtete Profilzeichnung wurde so interpretiert, als liege die Figur im Bett. Die horizontal ausgerichtete Frontaldarstellung dagegen stellte für die Blinden einen Blick von oben auf eine liegende Person dar. Diese Beobachtung konnte bei Sehenden ebenso gemacht werden. Die Orientierung auf der Zeichenfläche scheint bei Sehenden und bei Blinden gleichbedeutend zu sein. Die Orientierung auf einem Blatt in „oben“ und „unten“ wird vermutlich durch die Leserichtung (sei es in Braille- oder gedruckter Schrift) geprägt. KENNEDY glaubt hier eher an eine angeborene Raumorientierung, die selbst Kinder, die noch nicht lesen können, beim Zeichnen auf das Blatt durch die Unterscheidung von „unten“ und „oben“ verfolgen. KENNEDY übersieht hier aber frühe Phasen der Kinderzeichnung, die mit dem Kritzeln verbunden sind. Hier existiert zumeist noch keine Richtungsbestimmtheit der Gegenstandsformen. Auch das in der Entwicklung der Kinderzeichnung vorkommende Phänomen der „gedrehten“ Zeichnung[35] weist keine räumliche Orientierung auf dem Blatt auf. Hier zeigt sich noch keine horizontale oder vertikale Orientierung des Gesamtbildes. Das Kind zeichnet einen Gegenstand ohne Orientierung von „oben“ und „unten“ auf das Blatt und dreht dies, um ein weiteres Objekt hinzuzufügen, ohne sich am bereits gezeichneten zu orientieren. MÜHLE (1967) bemerkt hierzu: *„Die horizontale und vertikale Orientierung des Gesamtbildes ist als eine vom visuellen her bestimmte Aufbauform offenbar genetisch später als die Drehungsformen und ist als das Ergebnis einer eigenartig synthetisierenden Leistung vom optischen Raumerlebnis oder seinen Vorformen bestimmt.“*[36] Erst später wird das Kind die gezeichneten Figuren auf sich hin orientieren und diese auf die untere Kante des Blattes als „Boden“ oder auf eine selbst gezeichnete „Bodenlinie“ anordnen.

---

[35] Dieses Phänomen ist bis zum sechsten Lebensjahr in Kinderzeichnungen zu finden. Es kommt aber nicht bei allen Kindern gleichermaßen vor.

[36] Mühle, S. 96.

Die Fähigkeiten im Umgang mit tastbaren Bildern für Blinde lassen sich durch Übung erheblich verbessern. KENNEDY hat elf blinden Kindern[37] aus Phoenix in Arizona Zeichnungen in erhabenen Umrisslinien vorgelegt. Sieben der Kinder waren von Geburt an absolut blind, die anderen vier Kinder konnten Hell und Dunkel unterscheiden. Die Kinder sollten die Zeichnung einer Hand, eines Handschuhs, eines Gesichts, eines Tischgedecks (Teller mit Löffel, Gabel und Messer),[38] einer Teekanne, einer Tasse und eines Ensembles von Früchten[39] erkennen. Insgesamt wurden die Bilder 37-mal richtig erkannt. Die sechs jüngeren Kinder (6 – 10 Jahre) identifizierten insgesamt 15, die fünf älteren (12 – 14 Jahre) erkannten 22 Zeichnungen. Aus dieser Testgruppe wurden sechs Kinder einem weiteren Test unterzogen. Sie sollten vier andere Zeichnungen ertasten: einen Stiefel, ein Auto, einen Hammer und ein Telefon. Hier wurden die Zeichnungen insgesamt 13 mal richtig identifiziert. KENNEDY betont, dass dies die erste Studie war, in der mehr als die Hälfte der Zeichnungen richtig und ohne Hilfestellung erkannt wurden. Vermutlich basiert dieser Erfolg darauf, dass sich hier bereits eine gewisse Übung im Umgang mit tastbaren Umrisszeichnungen eingestellt hat.

Bei der Tastwahrnehmung erhabener Umrisszeichnungen zeigen sich bei der Identifizierung einige Probleme. Zum einen werden die Objekte in unüblichen Ansichten und in unrealistischen Größen abgebildet. Dadurch erhalten die Umrisszeichnungen einen höheren Schwierigkeitsgrad als reale Objekte. Dennoch zeigen KENNEDYS Studien, dass haptisch „betrachtbare“ Bilder trotz wenig oder gar nicht vorhandener Erfahrung mit Bildern erkannt werden können. Das Tasten ist zwar ein langsamer aber sehr sorgfältig arbeitender Wahrnehmungsprozess bei der Differenzierung von Formen und Oberflächen. Letzterer Versuch KENNEDYS hat gezeigt, dass der Identifikationserfolg taktil wahrnehmbarer Bilder durch Vertrautheit im Umgang gesteigert werden kann. Der Tastsinn ist wie der Sehsinn fähig, die axiale Ausrichtung von Linien in der Umrisszeichnung zu identifizieren. Der Tastsinn vermag über die Linien so viel Information einzuholen, um entscheiden zu können, welche Aspekte für die Erkennung des abgebildeten Objekts relevant sind. Dieser Vorgang ist von den Gesetzen der Oberflächengeometrie und den typischen Merkmalen der Objekte abhängig. Diese Regeln gelten für die visuelle genauso wie

[37] Die Kinder waren im Alter von 6- 14 Jahren.
[38] Alle Elemente wurden wie ein Item bei der Auswertung behandelt.
[39] Das Früchte – Ensemble wurde ebenfalls als ein Item gewertet.

für die taktile Wahrnehmung *„Hence there is every likelihood that the process affecting haptic use of outline drawings are the same processes that control vision when it employs outline drawings.“*[40] Aufgrund dieser Erkenntnisse, überlegte KENNEDY, ob es nicht vielleicht möglich wäre, dass Blinde auch selbst Bilder in erhabenen Umrisslinien anfertigen können. *„If the blind can recognise some drawings made by sighted people, can they spontaneously produce drawings that follow the same principles ?“*[41]

Die Begegnung mit der blinden Versuchsperson „Betty“ brachte KENNEDY schließlich darauf, Versuche zu konzipieren, in denen die zeichnerischen Fertigkeiten Blinder getestet werden sollten. Betty war seit dem dritten Lebensjahr erblindet. Nach einigen Wahrnehmungsversuchen mit KENNEDYS erhabenen Umrisszeichnungen, berichtete Betty, dass sie selbst gerne zeichne. Eine besondere Freude bereite ihr das Zeichnen von Porträts ihrer Familienangehörigen im Profil. Zunächst begann sie damit das Gesicht zu ertasten und dann zeichnete sie, aufgrund der durch die Tastwahrnehmung gewonnenen Informationen, die markanten Umrissausprägungen in Form eines Profils auf. KENNEDY offenbarte sich hier, dass Blinde nicht nur dazu fähig waren, fremde Zeichnungen durch den Tastsinn zu verstehen, sondern auch einen eigenen zeichnerischen Ausdruck zu finden. Auf dieses Phänomen werde ich in den folgenden Kapiteln näher eingehen.

[40] Kennedy, 1993, S. 91.
[41] Kennedy, 1993, S. 91.

IV. ZEICHNERISCHES VERHALTEN BEI BLINDEN

1. Perspektive

Mit verändertem Blickwinkel auf ein Objekt verändert sich für den Betrachter auch das Aussehen des Objekts. Die Wiedergabe eines bestimmten perspektivischen Blickwinkels von dreidimensionalen Objekten in einer zweidimensionalen Zeichnung erfordert eine hohe visuelle Beobachtungsfähigkeit. Aber auch der Tastsinn ist in besonderem Maße dazu fähig, eine Vorstellung von Räumlichkeit zu vermitteln. Ob überhaupt und wie Blinde perspektivische Merkmale wahrnehmen und diese in einer Zeichnung umsetzen, versuchte KENNEDY (1993/1997) in einigen Untersuchungen darzulegen. Er beobachtete eine 30-jährige blinde Frau bei einem Versuch, räumliche Distanzen in einer Zeichnung darzustellen. Die Frau war im Alter von drei Jahren erblindet, hatte aber auch zuvor aufgrund eines Krebses der Netzhaut niemals scharf sehen können. Sie fertigte trotzdem gerne eigene Zeichnungen auf einer speziellen Zeichentafel an. In einem Versuch über die Darstellung von räumlichen Distanzen legte KENNEDY einen Würfel und ein Winkelstück nebeneinander. Die eben erwähnte Frau zeichnete bei dieser Konstellation der beiden Objekte den Würfel und das Winkelstück gleich groß. KENNEDY rückte anschließend den Würfel von der Versuchsperson weiter nach hinten weg. Die Frau zeichnete den Würfel nun kleiner als das Winkelstück. KENNEDY stellt fest: *„Somit hatte sie das Prinzip perspektivischen Malens befolgt, demzufolge ein Objekt mit zunehmender Distanz einen kleineren Winkel des Wahrnehmungsfeldes einnimmt."*[42]
In gezeichneten Objekten offenbart sich, in wieweit beim Zeichner ein Verständnis für perspektivische Probleme vorhanden ist. Die Weise, in der ein Objekt dargestellt wird, verrät auch den Blickwinkel, den der Zeichnende auf den Gegenstand beim Zeichnen gehabt hat.

In einer Studie mit 13 blinden Erwachsenen, untersuchten KENNEDY und HEYWOOD (1993),[43] ob auch Blinde ein Verständnis für Perspektive haben oder entwickeln können. Die Versuchsteilnehmer sollten aus quaderförmigen Klötzen zusammengesetzte Objekte zeichnen. Eines dieser Objekte war ein L-förmiger Klotz.

---

[42] Kennedy, 1997, S. 86.

[43] In: Kennedy, 1993, S 186 ff.

Sieben der blinden Versuchspersonen zeichneten ein einfaches **L** ohne perspektivische Merkmale. Drei zeichneten ein **L** und, um räumliche Tiefe anzugeben, fügten sie weitere Linien hinzu, die die L-Form parallel nachzeichneten. Einer der Blinden, der ebenfalls diesen Lösungsweg nutzte, äußerte sich dazu folgendermaßen: *„[...] I showed the depth with four or five lines. If it were only slightly thick, I would have used just one or two lines."*[44] Weiter beschrieb er die parallel angefertigten Linien als ausgedehnte Seiten des L-förmigen Klotzes. Auch gab es Lösungsansätze, die sich ebenfalls in der Kinderzeichnung Sehender finden. Hier handelt es sich um die sogenannte „Klappbild-Technik", wie sie in der Kinderzeichnung von zumeist Sechsjährigen vorkommt. Das Beispiel der Darstellung eines Hauses in der Form eines Klappbildes von einem sehenden Kind [Abb. 5] zeigt, wie die Seitenwände des Hauses in die vertikale Zeichenfläche aufgeklappt werden. Vergleichsweise dazu weist die Zeichnung eines Blinden in KENNEDYS und HEYWOODS Versuch eine frappierende Ähnlichkeit mit dieser Technik auf [Abb. 6].

Abb. 5: „Klappbild" eines sehenden Kindes.

Abb. 6: Zeichnung eines L-förmigen Blockes von Blinden angefertigt.

Durch das Aufklappen der Seitenansichten eines Objekts in die gleiche Zeichenebene wie die Vorderansicht des Objektes, werden alle Ansichten des dreidimensionalen Gegenstands in der zweidimensionalen Fläche repräsentiert.[45] Diese Technik der Tiefendarstellung dürfe, so SCHUSTER (1993), nicht als Mangel an räumlichem Integrationsvermögen verstanden werden. Dieser Lösungsansatz mit der Absicht, Perspektive darzustellen, *„[...] resultiert aus dem Wunsch, eine vollständige Ansicht der Abbildungsgegenstände zu zeigen."*[46] Die Blinden in KENNEDYS und HEYWOODS Versuch nutzten aber nicht nur die Klappbild-Technik, in der die Seiten eines Objektes um ein zentrales rechteckiges Feld

---

[44] Kennedy, 1993, S 186.
[45] Dieses Phänomen in der Kinderzeichnung lässt sich Kultur übergreifend nachweisen.
[46] Schuster, S. 44.

aufgeklappt angeordnet wurden. In zwei Fällen wurden schräge Linien zur Andeutung von räumlicher Tiefe verwendet. Einer der Früh erblindeten äußert sich dazu: *„We get into three dimensions. In 3-D graphs they put in another axis at 45° to represent the third dimension. Maybe I could do the same."*[47] Eine Versuchsperson, die für die Zeichnung eines Objektes in Form eines Y-förmigen Blockes auf die Klappbild-Technik zurückgriff [Abb. 7], konnte sogar ihren Blickwinkel auf das Objekt verbal äußern.

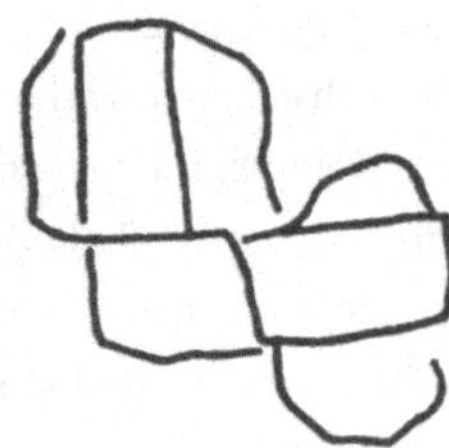

Abb. 7: Der Y-förmige Block diente als Vorbild für die Zeichnung der blinden Versuchsperson.

Sie fügte einer Fläche ihrer Objektzeichnung eine kreisförmige Markierung hinzu und betonte, dass diese Markierung die zum Betrachter am wenigsten entfernte Fläche kennzeichne. Eine weitere kreisförmige Markierung außerhalb des Objektbereichs stellte den Ausgangspunkt ihres Blickwinkels dar: *„It's drawn as if I were looking at it from* ***this*** *angle."*[48]

Um das Phänomen des in einer Zeichnung dargestellten Blickwinkels genauer zu untersuchen, stellte KENNEDY den Versuchsteilnehmern eine Aufgabe, in der die vorgegebenen Objekte von einem bestimmten Blickwinkel aus zu zeichnen waren. Beim Zeichnen sollte betont werden, welcher Teil des Objekts sich näher zum Betrachter befinde und welcher weiter davon entfernt sei. Die meisten Teilnehmer benutzten die Klappbild-Technik und einige wenige fügten ihrer Zeichnung konventionelle Zeichen wie Hinweispfeile mit den Worten „oben" und „unten" hinzu. Vier der Versuchspersonen nutzten bei der Darstellung von Tiefe die Wirkung verschieden großer Teile des Objektes. Eine Versuchsperson, die auf diese Technik zurückgriff, zeichnete den zum Betrachter hin nächsten Teil eines L-förmigen Blocks

[47] Kennedy, 1993, S. 189.
[48] Kennedy, 1993, S. 189.

breiter und den am weitesten entfernten Teil schmaler. Ein anderer Versuchsteilnehmer zeichnete die vom Betrachter fernen Linien einfach dünner, um den Eindruck von Tiefe darzustellen. Er äußerte sich zu seiner Technik: *„The line gets thinner as it gets farther.“*[49] Aufgrund dieses zeichnerischen Verhaltens wird deutlich, dass perzeptuelle Effekte des taktilen Systems mit denen des visuellen Systems verwandt sind. KENNEDY weist darauf hin, dass bei dieser Untersuchung selten schräge Linien zur Darstellung von Tiefe benutzt wurden. Den Versuchspersonen schien der sukzessive Wechsel der Liniendicke von breit zu schmal als Hinweis auf die räumliche Tiefe ausreichend genug zu sein. Die Darstellung von Schrägen als perspektivische Information wurde meist als nicht nötig erachtet.

Blinde zeigen in ihrem zeichnerischen Verhalten ein deutliches Verständnis für eine Vorstellung von „oben“, „unten“ und die Seiten eines Objekts. Blinde wissen oft auch bei ihren Zeichnungen um die Darstellung eines bestimmten Blickwinkels. Dies wird unter anderem dadurch zum Ausdruck gebracht, dass sich der Blinde darüber äußert, von welcher Seite er das Objekt dargestellt hat. Hierfür zeichnet er meist auch nur die Merkmale auf, die von der jeweiligen Ansichtsseite „sichtbar“ werden. Das Resultat einer solchen Zeichnung habe, so KENNEDY, zwei Funktionen. Zum einen bildet sie durch die Umrisslinie eine Region des Objekts ab, und zum anderen kann sie sogar Informationen über die räumliche Orientierung der einzelnen Teile des Objekts von einem bestimmten Blickwinkel aus aufzeigen.

Die Basis eines perspektivischen Verständnisses entwickelt sich aus dem Sinn für räumliche Orientierung. Die Kenntnis der Ausrichtung von Gegenständen leitet die Lokomotion der Blinden ebenso wie die der Sehenden, um Nähe und Entfernung zu den Gegenständen abschätzen zu können.

KENNEDY, CAMPBELL und GIRARD[50] untersuchten, inwieweit Blinde dazu fähig sind, perspektivische Merkmale, wie die Verringerung der Winkelgröße mit zunehmender Distanz eines Objekts vom Betrachter, wahrzunehmen. Das Prinzip der Konvergenz von Linien in der visuellen Wahrnehmung sei, so KENNEDY et al., nicht nur auf den visuellen Sinn beschränkt. Sie betonen, dass dieses Phänomen von

[49] Kennedy, 1993, S.189.

jedem Wahrnehmungssystem erfasst werden könne, das für die Lokation von Objekten zuständig ist. Für die Untersuchung zu dieser Thematik sollten acht blinde[51] Kinder aus Haiti[52] im Alter von neun bis 18 Jahren eine Wand von der Mitte aus zu einer Ecke bis zu einer anderen Ecke und wieder zurück ertasten, um sich die Ausmaße der Wand und die Lage ihrer Ecken einzuprägen. Von der Mitte der 4,5m langen Wand aus sollten sich die Kinder nun rückwärts einen Meter weg bewegen und dabei mit ausgestreckten Armen und Zeigefingern auf beide Ecken deuten. Der Abstand zwischen den ausgestreckten Fingern wurde gemessen. Dann sollten sich die Kinder nochmals von der Wand bis zu einem Abstand von 3,5m entfernen und dabei wiederum mit ausgestreckten Armen auf die Ecken der Wand deuten. Es zeigte sich, dass alle Versuchsteilnehmer den Abstand zwischen den Armen verringerten, je weiter sie sich von der Wand und deren Ecken entfernten.

In einer anderen Studie zu dieser Problematik zog KENNEDY vier Blinde im Alter von zehn bis 22 Jahren aus Phoenix heran. Für diese Studie wurden zwei Stangen vertikal durch eine Konstruktion mit Basen auf dem Boden verankert. Die Stangen waren durch ein Seil miteinander verbunden. Dieser Aufbau sollte eine Wand mit zwei Ecken ersetzen. Die Versuchsteilnehmer sollten mit ausgestreckten Armen auf die Stangenenden deuten. Der Abstand zwischen den Armen aller Versuchspersonen vergrößerte sich, je näher sie sich bei den Stangen befanden. Beide Versuche haben gezeigt, dass auch Blinde perspektivische Phänomene des Visuellen wie die sich je nach Abstand zum Objekt hin verändernde Konvergenz und Divergenz verstehen können. Doch berücksichtigen diese Versuche zunächst nur perspektivische Fragen in der horizontalen Ausrichtung. Aber auch für die perspektivischen Merkmale der vertikalen Orientierung zeigen Blinde ein klares Verständnis. Seine blinden Versuchspersonen forderte KENNEDY in einem dazu entwickelten Experiment auf, mit beiden ausgestreckten Armen gleichzeitig auf den höchsten und den niedrigsten Punkt eines Gebäudes, in dessen unmittelbarer Nähe sie standen, zu zeigen.[53] Dann sollten sie dies noch einmal aus einer größeren Entfernung zum Gebäude tun.

---

[50] In: Kennedy, 1993, S. 192 ff.

[51] Früh erblindete und Spät erblindete.

[52] Diese Kinder waren aufgrund ihrer Armut unterernährt und daher in ihrer körperlichen und geistigen Entwicklung zurückgeblieben. Die Unterernährung war zumeist auch der Grund für ihre Erblindung.

[53] Der Versuchsleiter half hier zunächst bei der Ausrichtung der Arme auf das Gebäude.

Die Blinden wiesen im Abstand zwischen ihren Armen einen immer geringeren Winkel auf, je weiter sie sich vom Gebäude entfernt hatten.

Diese Studien machen deutlich, dass blinde Menschen, unabhängig von Alter und Bildung, dazu in der Lage sind, die Prinzipien von Konvergenz und Divergenz bei der perspektivischen Wahrnehmung nachzuvollziehen. Obwohl Blinde nachweislich ein perspektivisches Verständnis haben, wenden sie es nicht exakt in ihren Zeichnungen an. KENNEDY betont, dass Blinde auf dem Gebiet der Zeichnung noch unerfahren sind und deshalb, genau wie mit dem Zeichnen ungeübte Sehende, bei ihren Zeichnungen eher zunächst auf die Abbildung der typischen Form des Objekts und nicht so sehr auf Kriterien der Räumlichkeit achten. Erstaunlicher Weise wird aber öfter ein Blickwinkel zur Zeichnung verbal geäußert.

Ob Blinde in fremden Zeichnungen Kriterien der visuellen Perspektive verstehen können, untersuchte KENNEDY zusammen mit GABIAS[54] in einem dafür geschaffenen Experiment. Die Versuchsleiter legten den blinden Versuchspersonen drei tastbare Linienzeichnungen [Abb. 8] vor, die sie hinsichtlich ihrer korrekten Wiedergabe von perspektivischen Merkmalen beurteilen sollten.

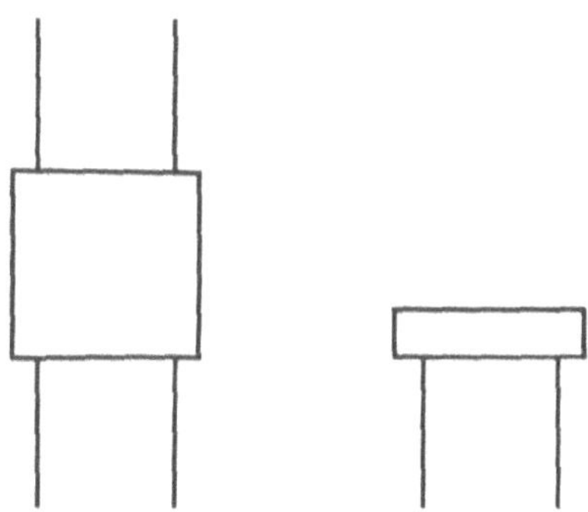

Abb. 8.

[54] In: Kennedy, 1993 und 1997.

Den Versuchsteilnehmern wurde hierzu erklärt, dass es sich um Skizzen von Tischen handele, die von anderen Blinden angefertigt worden seien. Die erste Skizze zeigt einen Tisch in Klappbild-Manier. Zwei der Tischbeine sind nach oben, zwei nach unten „geklappt". Eine andere Skizze stellt einen Tisch von der Seite dar. Bei dieser Abbildung ist Wert auf die Wiedergaben eines bestimmten Blickwinkels gelegt worden. Daher wurden auch korrekter Weise nur die zwei, aus dieser Perspektive sichtbaren, Tischbeine dargestellt. Die dritte Skizze schließlich zeigt einen Tisch als Quadrat um das die vier Tischbeine radial angeordnet sind. Dieser „Star-Table"[55] wurde als Klappbild so konzipiert, dass man sich den Tisch mit einem Blickwinkel von unten vorstellen kann. Von den 15 Versuchsteilnehmern beurteilten 11 den von der Seite gezeigten Tisch als eine Zeichnung von höherer zeichnerischer Fähigkeit, als die Zeichnungen bei denen auf die Klappbild-Technik zurückgegriffen wurde. Dieses Resultat macht deutlich, dass Blinde eine Zeichnung mit korrekter perspektivischer Wiedergabe eher als höher entwickelte Zeichnung betrachten als eine Zeichnung ohne genaue perspektivische Informationen.

In einer anderen Untersuchung wurden den Versuchsteilnehmern vier schematische Zeichnungen einer Schachtel vorgelegt [Abb. 9].

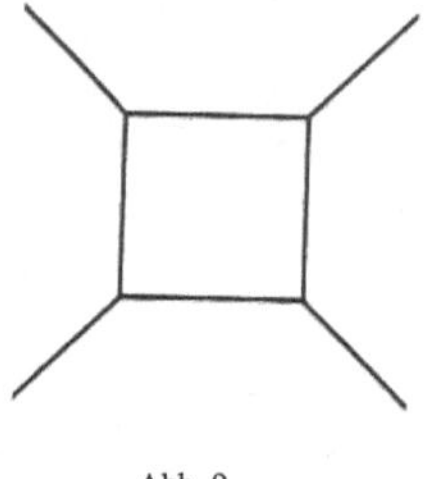

Abb. 9.

KENNEDY und GABIAS fragten die blinden Versuchsteilnehmer, welche dieser Zeichnungen in ihrer perspektivischen Ausführung am ehesten dem Stadium des von der Seite dargestellten Tisches entspricht. Die meisten Versuchsteilnehmer entschieden sich dafür, dass die vierte Schachteldarstellung von links, mit zwei umgekehrt aufeinander gesetzten trapezförmigen Flächen, eine bessere perspektivische Projektion wiedergebe. Die Skizze mit den fünf quadratischen, als

[55] Kennedy, 1993, S. 200.

Kreuz angeordneten Flächen, wurde als die Zeichnung mit der geringsten perspektivischen Information beurteilt. KENNEDY und GABIAS kommen durch ihre Untersuchungen zu folgendem Schluss: *„The results imply that the blind generally concur on some impressions of perspective in drawings. They concur on what is developmental more sophisticated, and they concur in ranking drawing systems that approximate convergent perspective. “*[56]

Wie Blinde mit perspektivischen Informationen in ihren Zeichnungen umgehen, sollen die folgenden Beispiele aus Untersuchungen von KENNEDY (1993) veranschaulichen[57].

CEL

Der sechsjährige Cel aus Haiti fertigte die Zeichnung einer Schachtel und eines Tisches an [Abb.10]. In der Schachtelzeichnung stellte er einen rechteckigen Boden und die

Abb. 10: Cel: Zeichnung einer Schachtel. Zeichnung eines Tisches.

rechteckige Oberseite dar. Die Seitenwände der Schachtel fügte Cel als rechteckige Flächen hinzu. Insgesamt besteht die Zeichnung hauptsächlich aus vier horizontal angeordneten Linien. Cel betonte, dass jede Linie für je eine Seite des Objekts zu betrachten sei. Die Zeichnung eines Tisches konzipierte Cel aus einer geschlossenen Fläche als Tischplatte und vier horizontalen, parallel zueinander angeordneten Linien, die er in die Fläche der Tischplatte gezeichnet hat. Diese vier Linien bezeichnete er als „Tischbeine“. Die Art der Darstellung der Tischbeine in der Fläche der Tischplatte, könnte an die sogenannten „Röntgenbilder“ der Kinderzeichnungen

[56] Kennedy, 1993, S. 205.
[57] Die zu zeichnenden Gegenstände waren vom Versuchsleiter jeweils vorgegeben worden.

Sehender[58] erinnern. Wäre dies hier der Fall, hätte das zeichnende Kind, so RICHTER (1987), zwar optisch wahrnehmbare Gegenstandselemente und durch den Blickwinkel auf das Objekt aktuell nicht sichtbare Teile gleichzeitig dargestellt. *„Das Röntgenbild diente vielen Theoretikern als Beleg für die These, dass das zeichnende Kind mehr vom Wissen um die Dinge als von deren visueller Erscheinung ausgehe."*[59] Wenn Cel den Tisch aber wirklich als Röntgenbild dargestellt hat, dann müsste er die Absicht verfolgt haben, den Tisch von einem bestimmten Blickwinkel, nämlich von oben zu zeichnen. In diesem Fall hätte Cel die Tischplatte transparent gezeichnet, so dass der Blick auf die Tischbeine frei wird, obwohl diese durch den Blick von oben durch die Tischplatte hindurch in Wirklichkeit nicht sichtbar wären. KENNEDY betont, dass Cel in keiner seiner Zeichnungen auf einen bestimmten Blickwinkel geachtet hat. Selbst die einzelnen Objektelemente wie die Tischbeine scheinen ohne direkte Beziehung zur Tischplatte im Raum zu schweben. Auch die Zeichnung der Schachtel weist keinen bestimmten Blickwinkel auf. Alle Teile dieses Objekts hat Cel, ähnlich wie in einem Klappbild, in eine Ebene gezeichnet. Die Zeichnungen erinnern in der Art ihrer Ausführung an Zeichnungen aus dem Übergang von der Kritzel- zur Schemaphase in der Kinderzeichnung Sehender. Ohne Erläuterungen zu den Zeichnungen, sind diese nicht ohne weiteres als Schachtel- oder Tischabbildung zu identifizieren.

ROS

Die 16-jährige Ros stammt ebenfalls aus Haiti. Sie ist früh erblindet und hat daher kaum bis gar keine Erfahrung mit Bildern. Ihre Zeichnung eines Tisches [Abb. 11] erscheint etwas weiter entwickelt zu sein als Cels. Eine rechteckige Fläche stellt die

Abb. 11.

[58] Das Phänomen der „Röntgenbilder" kommt laut der Stufenfolge der zeichnerischen Entwicklung nach LUQUET (1927) vor allem in der Phase des „Intellektuellen Realismus", also im Alter von 5-8 Jahren in den Zeichnungen Sehender vor.

[59] Richter, S. 53.

Tischoberfläche dar. Je zwei Tischbeine erstrecken sich nach links und rechts am oberen und unteren Ende der rechteckigen Fläche nach außen. Diese Art der Darstellung erinnert an die Klappbild - Zeichnung eines Tisches in Abb. 12. Bei diesem Schema einer Tischzeichnung erscheinen die Tischbeine ebenfalls nach oben und unten aufgeklappt.

HAL

Hal erblindete im Alter von 2_ Jahren. Er hat schon vor den von KENNEDY durchgeführten Zeichenversuchen Erfahrungen mit tastbaren Illustrationen in Braille-Büchern gemacht. Mit zehn Jahren fertigte er die Zeichnung eines Tisches an [Abb. 12].

Abb. 12.

Die Tischplatte besteht aus einer dünnen rechtwinkligen Fläche, von der aus sich die Beine als ebenfalls dünne Linien senkrecht nach unten erstrecken.[60] Hal selbst betont, dass er den Tisch von der Seite dargestellt habe. Daher rührt vermutlich auch die Art der schmalen Wiedergabe der Tischplatte. In dieser Zeichnung wird versucht, einen bestimmten Blickwinkel auf das Objekt wiederzugeben.

[60] Zu den kreisförmigen Kritzeln unterhalb der Beine hat KENNEDY leider keine Angaben gemacht. Vermutlich handelt es sich dabei um die Andeutung von Tischfüßen.

REN

Der früh erblindete Ren zeichnete im Alter von 15 Jahren einen Tisch [Abb. 13], bei dem die Tischplatte als geschlossene Fläche von oben wiedergegeben ist.

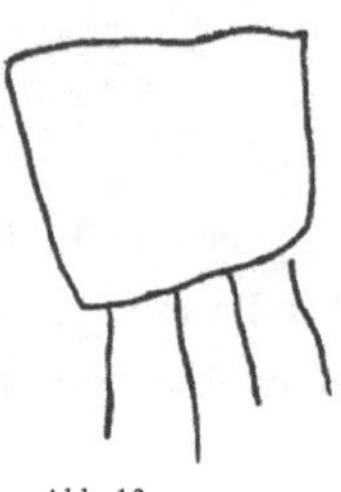

Abb. 13.

Die Tischbeine hat Ren als senkrechte Linien am unteren Ende der nahezu quadratischen Fläche angefügt. Die Zeichnung zeigt wiederum eine Ähnlichkeit mit Klappbildern Sehender, da auch hier vermutlich die Absicht bestanden hatte, alle Teile des Objekts in einer Ebene darstellen zu wollen.

RAY

Höchst interessante Beispiele für die Darstellung verschiedener Blickwinkel auf ein Objekt liefert Ray in seinen Tischzeichnungen [Abb. 14].

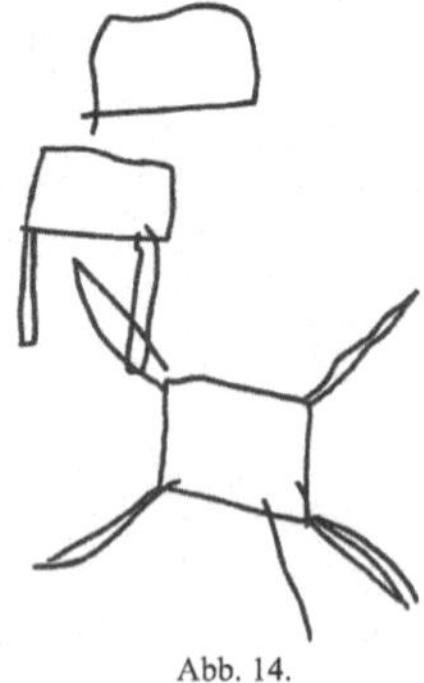

Abb. 14.

Nachdem er von KENNEDY die Aufforderung erhalten hatte, einen Tisch zu zeichnen, äußerte er hier bereits, dass man diesen auf mehrere Weisen darstellen könne. Der erwachsene[61] Ray ist spät erblindet. Er zeichnete den Tisch zunächst als einfache rechtwinklige Fläche und erklärt dazu: *„If you're looking straight down, you'd draw a rectangle without legs, because you won't see them."*[62] Eine zweite Zeichnung stellt einen Tisch von der Seite dar. Hier aber arbeitet Ray mit der Klappbild-Technik. Er stellt die Tischplatte ohne die notwendige perspektivische Verkürzung dar. Sie erscheint im Zusammenhang mit den senkrecht gezeichneten Tischbeinen in die Zeichenfläche aufgeklappt. Er beobachtet aber richtig, dass bei diesem Blickwinkel nur zwei Tischbeine sichtbar sind. *„If you drew it directly from the side, you'd only see two legs – a rectangle with two legs."*[63] Die dritte Tischzeichnung ist zum einen durch die Wahl des ungewöhnlichen Blickwinkels und zum anderen durch die zeichnerische Ausführung herausragend. Von jeder Ecke einer quadratischen Fläche, erstrecken sich vier Tischbeine radial in die Zeichenfläche. Ray erklärt diese ungewöhnliche Darstellung eines Tisches folgendermaßen: *„But to see it this way, you'd have to be under the table."*

TRACY

Tracy, früh erblindet, zeichnete als 28jährige zwei Würfel. Die erste Zeichnung [Abb. 15]

Abb. 15.

zeigt eine einfache Umrisszeichnung als Quadrat mit vier Bögen in jeder Ecke. Diese vier Bögen bezeichnet Tracy als Kennzeichnung von rechten Winkeln, wie sie diese aus mathematischen Abbildungen kennt.

[61] Kennedy macht hier leider keine genaue Altersangabe.
[62] Kennedy, 1993, S. 108.
[63] Kennedy, 1993, S. 108.

In der zweiten Darstellung [Abb. 16] besteht der Würfel aus einer rechtwinkligen Fläche, die mittels eines senkrechten Strichs in zwei unterschiedlich große Felder aufgeteilt wird. Das linke Feld erhält so eher die Form eines Quadrats, die rechte die

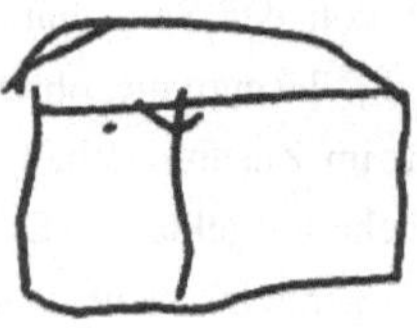

Abb. 16.

eines Rechtecks. Der Trennstrich weist am oberen Ende zwei diagonale kurze Striche auf, die nach links und rechts auseinander streben. Eine nach oben ausladend gewölbte Linie erstreckt sich von der linken oberen Ecke des quadratischen Feldes bis zur linken oberen Ecke des rechtwinkligen Feldes. Die Grundform von Tracys Würfelzeichnungen ist eine mehr oder weniger quadratische Fläche. Auf dieses, in ihrem Gedächtnis gespeicherte Schema, greift sie in ihren Würfelzeichnungen immer wieder zurück. Auch in der Kinderzeichnung Sehender, werden solche Malschemata manifest. SCHUSTER macht hierzu darauf aufmerksam, dass Zeichnungen, die auf Schemata basieren, streng genommen keine Wiedergaben visueller Erfahrungen sind. Kinder bemühten sich weniger darum, das Objekt vom Modell abzuzeichnen, als es aus dem Gedächtnis zu malen. *„Die gespeicherten 'Malschemata' bestimmen, wie etwas gezeichnet wird, nicht etwa die Gegenstandskenntnis oder der 'unverfälschte Speicher' einer visuellen Erfahrung."*[64] Dennoch scheinen Kinder ca. ab dem 7. Lebensjahr eine innere Repräsentation eines Würfels in korrekter perspektivischer Ausführung gespeichert zu haben, da sie in Studien von KOSSLYN, HELDMEYER & LOCKLEAR (1977)[65] Abbildungen von Würfeln mit korrekter perspektivischer Wiedergabe bevorzugen.[66] Diese Ergebnisse wiederum belegen, dass Kinder trotz ihrer Zeichenfehler bei der Wiedergabe der Perspektive visuelle Informationen darüber speichern können. Die interne Repräsentation dreidimensionaler Modelle von

---

[64] Schuster, S. 76.
[65] In: Schuster, S. 76 ff.
[66] Kinder jüngeren Alters bevorzugten auch Klappbilder.

Objekten scheint bei Blinden und Sehenden gleichermaßen vorhanden zu sein. Dies wird dadurch deutlich, dass beide sich darum bemühen, ihren Zeichnungen perspektivische Informationen hinzuzufügen, auch wenn diese zumeist nicht exakt reproduziert werden können. Blinde und Sehende müssen hierbei in gleicher Weise maltechnische Schwierigkeiten bei der Projektion des dreidimensionalen Modells auf die zweidimensionale Zeichenfläche überwinden.

Häufig scheitert dieses Vorhaben und es entstehen bei beiden Parteien Darstellungen in Form eines „Klappbildes“ [Abb. 17].

Abb. 17: Typische Hauszeichnung Sehender im Alter von 7-9 Jahren, mit „aufgeklappt“ wirkenden Seiten.

Die gewölbte Linie über den abgeteilten Flächen in Abb. 19 erklärt Tracy als Teil der Oberfläche des Würfels. Diese, sich im Visuellen nach hinten perspektivisch verkürzende Fläche, erscheint aufgeklappt in die Zeichenfläche. Die abgerundete Form dieser Fläche könnte man als noch nicht ausgereifte Andeutung von perspektivischer Verkürzung verstehen. Die beiden vom Kopf der Trennlinie aus diagonal nach links und rechts verlaufenden kurzen Linien, stellen vermutlich die Andeutung einer Würfelecke dar.

In einer dritten Würfelzeichnung [Abb. 18] stellt Tracy wiederum die obere Würfelfläche in aufgeklappter Weise dar. Diesmal benutzt sie dafür aber eine schmale

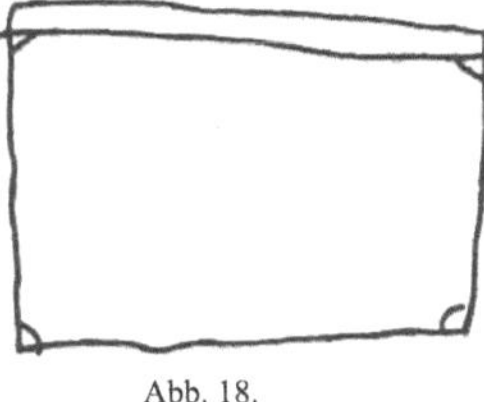

Abb. 18.

rechtwinklige Form für die aufgeklappte Fläche. Tracys Versuch, eine perspektivische Verkürzung in ihrer Würfelzeichnung auf diese Weise darzustellen, entspricht ungefähr der Kinderzeichnung Sehender im Alter von 7-9 Jahren. In Zeichnung **b** der Abb. 21 wurde für die Darstellung perspektivischer Verkürzung eine frappierend ähnliche Technik benutzt. Auch hier erscheint die verkürzte Fläche, die vom Betrachter nach hinten zurückweicht, als geradlinig abgeteilte schmale rechtwinklige Fläche. KENNEDY äußert sich über die Würfelzeichnungen Tracys folgendermaßen: „*In her drawings, Tracy's use of two faces and foreshortening places her solidly in the vantage point stage of drawing development, a stage more advanced than of many if not most sighted nine-year-olds. Her drawings of a cube seemed to advance rapidly in sophistication with each attempt [...].*“[67] Bei diesen Beispielen fällt auf, dass auch Blinde als Neulinge im Umgang mit Zeichnungen ähnliche Ansätze zeigen, wie sehende Kinder, die noch ungeübt im Zeichnen sind. Zwei- bis dreijährige sehende Kinder treffen in ihren Zeichnungen noch selten Ähnlichkeiten mit dem Objekt, das sie darzustellen versuchten. So geht es auch den meisten blinden Kindern, wie man in den Beispielen von Cel, Ros, Hal und Ren erkennen kann. Hals Tischzeichnung [Abb. 12] ist aber durch Beachtung eines bestimmten Blickwinkels in seiner Entwicklung weiter fortgeschritten als Cels, Ros′ und Rens Zeichnungen. Hal fiel die Verwendung von perspektivischer Information in seiner Tischzeichnung vermutlich dadurch leichter, da er, vor der Anfertigung seiner Zeichnung schon Erfahrung mit Bildern in Braille-Büchern gemacht hatte. Die Beispiele von Tracy haben gezeigt, dass Blinde durch eine gewisse Übung im Zeichnen ihre Fähigkeiten wie Sehende auf diesem Gebiet weiterentwickeln können, indem zum einfachen Formumriss [Abb. 15] in einer weiter entwickelten Zeichnung sogar perspektivische Informationen hinzugenommen werden. Die Zeichnungen der jüngeren Blinden in diesen Beispielen, Cel, Ros, Hal und Ren, erinnern in der Art der Formensprache und der Strichführung noch stark an ein Stadium des Übergangs von der Kritzel- zur Schemaphase in der Kinderzeichnung Sehender. Ohne den Hinweis auf die Darstellungsabsicht, wären die Bilder für den Betrachter kaum identifizierbar. Wie Sehende können Blinde aus den zunächst geschaffenen Kritzelereignissen ein Grundrepertoire von Formen entwickeln. In den Würfelzeichnungen Tracys wird deutlich, dass Blinde wie Sehende Zeichenschemata entwickeln, auf die sie immer wieder zurückgreifen, diese aber auch variieren und weiterentwickeln können.

[67] Kennedy, 1993, S. 174.

Angelehnt an den „Drei-Berge-Versuch" des Kognitionspsychologen PIAGET (1975), zur Untersuchung der geistigen Repräsentation von Perspektive beim Kind, entwickelten HELLER und KENNEDY (1990) einen Versuch, um die Fähigkeiten geistiger Repräsentation von Perspektive bei Blinden zu testen. In PIAGETS „Drei-Berge-Versuch", wurde sehenden Kindern ein Modell vom Relief dreier Berge[68] vorgeführt. PIAGET positionierte eine kleine Puppe an verschiedenen Stellen des Modells. Das jeweils zu testende Kind sollte nun imaginär die Position der Puppe einnehmen und eine Vorstellung darüber entwickeln, welche Perspektive sich der Puppe von dem Modell offenbart. Kinder im Alter von 4-6 Jahren zeigten dabei einen ausgesprochenen „Egozentrismus". Dieser, von PIAGET geprägte Ausdruck, wird durch folgende Aussage charakterisiert: *„Das Kind ist weit davon entfernt, sich die verschiedenen Bilder, die die Puppe je nach ihren Standorten betrachtet, vorzustellen. Es betrachtet vielmehr seine eigene Perspektive in jedem Augenblick als absolut und schreibt sie der Puppe zu, ohne die Verwechslung zu ahnen."*[69] Um sich im Raum orientieren zu können, muss auch das sehende Kind lernen, dass die Raumgegenstände von ihm unabhängig sind und ihre visuell perspektivische Orientierung je nach Blickwinkel variieren. Auf dieser Grundlage konzipierten HELLER und KENNEDY ein Experiment, durch das sie herausfinden wollten, ob visuelle Erfahrung bei der Entwicklung eines Verständnisses von Räumlichkeit tatsächlich unbedingt notwendig ist. Die gängige Forschungsmeinung vertrat bisher die Ansicht, dass Blinde nur ein unzulängliches Verständnis von Räumlichkeit entwickeln könnten. Aber bereits KENNEDYS Untersuchungen zum generellen Verständnis von Umrisszeichnungen haben gezeigt, dass Blinde ein Basisverständnis[70] von Räumlichkeit vorweisen können. In Anlehnung an den „Drei-Berge-Versuch" von PIAGET, kreierten HELLER und KENNEDY einen Versuch, in dem drei Gruppen von Versuchspersonen (Früh erblindete, Spät erblindete und Sehende mit verbundenen Augen) eine Anordnung von drei einzelnen geometrischen Objekten, einen Quader, einen Kegel und eine Kugel ertasten sollten. Dann war es ihre Aufgabe, sich dieses Arrangement mit der Ansicht von oben und von allen vier Seiten mit verschiedenen Blickwinkeln vorzustellen und diese Blickwinkel aufzuzeichnen. HELLER und KENNEDY wollten hierdurch feststellen, ob Fragen

[68] Das Relief hatte die Größe von ca. $1m^2$.

[69] Piaget, 1974, S. 351.

[70] Heller und Kennedy weisen in diesem Zusammenhang darauf hin, dass Blinde ihr räumliches Verständnis oft schlecht entwickeln konnten, da sie als Kind von ihren Eltern oft übermäßig

des Blickwinkels und der Perspektive wirklich nur die visuelle Wahrnehmung betreffen. Erstaunlicher Weise schnitten die Blinden mit 3,4 von 5 richtigen Darstellungen genauso gut wie die Kontrollgruppe Sehender mit verbundenen Augen ab. In einem zweiten Versuch sollten die Versuchspersonen die fünf Zeichnungen dem jeweiligen Blickwinkel des Betrachters zuordnen. Punkten 6,7 Punkte; die Kontrollgruppe schnitt mit 7,5 Punkten nur wenig besser ab. HELLER und KENNEDY differenzieren hierbei noch einmal zwischen der Leistung Die Zeichnungen wurden in randomisierter Anordnung präsentiert.[71] Die Blinden erreichten hier von zehn Spät erblindeter und Sehender, da die Spät erblindeten auch in diesem Versuch besser als die Sehenden abschnitten. Die Spät erblindeten erreichten im ersten Teil des Versuchs 4,2 von 5 Punkten und im zweiten Versuch 8,3 von 10 Punkten. *„Das stützt die Vermutung, Erinnerung an optische Eindrücke und verfeinerter Tastsinn wirken zusammen.“*[72] Die Resultate dieser Experimente zeigen, dass visuelle Erfahrung nicht unbedingt notwendig ist, um ein Verständnis für Perspektive zu entwickeln. Das wird besonders dadurch deutlich, dass sogar von Geburt an Blinde den Blickwinkel eines anderen übernehmen können. Visuelle Erfahrung ist für die Wahrnehmung von Perspektive nicht zwingend notwendig, kann diese aber, wie im Beispiel der Spät erblindeten deutlich wird, unterstützen. Interessanter Weise zeigen Blinde und Sehende ein spiegelbildliches Mißverständnis, wenn man ihnen ein „p“ oder ein „q“ auf den Kopf gedreht präsentiert. Hier manifestiert sich, so HELLER (1991), bei Blinden und Sehenden eine egozentrische Perspektive im Sinne PIAGETS. Blinde und Sehende identifizieren ein „p“ gleichermaßen als „q“, wenn es ihnen auf dem Kopf vorgelegt wird. *„It is almost as if they are looking out from the centre of their heads. This occurs in both sighted and congenitally blind subjects, and is therefore not visually determined.“*[73]

Aber dennoch sind auch von Geburt an Blinde durchaus dazu fähig, Perspektive wahrzunehmen. Die hier vorgestellten Untersuchungen haben gezeigt, dass sie in dieser Hinsicht das gleiche räumliche Imaginationspotential wie Sehende besitzen. Der Tastsinn als hauptsächlicher[74] Wahrnehmungssinn bei Blinden in räumlichen

---

beschützt wurden.

[71] Dadurch kam in einer Zufallsfolge jedes Bild zweimal vor, so dass sich maximal zehn richtige Antwortmöglichkeiten ergaben.

[72] Kennedy, 1997, S. 87.

[73] Heller, 1991, S. 256.

[74] Auch der Gehörsinn spielt eine wichtige Rolle.

Angelegenheiten unterscheidet sich vom Sehsinn lediglich in der Art wie die Informationen aus der Umwelt gewonnen werden. Ein Verständnis für generelle Prinzipien des räumlichen Aufbaus der Umwelt kann durch beide Systeme gewonnen werden. Daher organisieren Blinde und Sehende ihre räumlichen Informationen in ähnlichen Dimensionen und entwickeln eine annähernd gleiche Vorstellung von Räumlichkeit. Die Versuchsergebnisse haben gezeigt, dass Blinde dazu fähig sind, perspektivische Prinzipien wie Blickwinkel, relevante Ausrichtungen von Objekten und Konvergenzen zu verstehen. Es wird hierdurch deutlich, dass das räumliche Verständnis bei Blinden genug entwickelt ist, um modellhafte Vorstellungen von räumlichen Arrangements zu entwickeln. Aber nicht aus Mangel an perspektivischem Wissen entstehen die Zeichnungen Blinder mit unzureichender perspektivischer Information sondern aus mangelndem Abbildungswissen. Auch bei Sehenden, die im Zeichnen ungeübt sind, wie z.B. Kindern, tauchen frappierend ähnliche perspektivische „Zeichenfehler“ auf wie bei Blinden.

2. Bildmetaphorischer Ausdruck

In einer Umrisszeichnung lässt sich nicht nur etwas über die einfache Form eines Gegenstands sondern auch über dessen Zustand und Bedeutung ausdrücken. Durch bildhafte bzw. metaphorische Umschreibungen können nicht sichtbare Aspekte und Zustände eines Gegenstands oder einer Person umschrieben werden. So kann durch das Hinzufügen bestimmter grafischer Elemente oder die Veränderung der Gegenstandsform z.B. die Bewegung des abgebildeten Gegenstands in einer statischen Zeichnung metaphorisch umschrieben werden. Desgleichen lassen sich nicht sichtbare Gefühle oder Körperzustände wie z.B. Schmerzen durch bestimmte metaphorische Zeichen ausdrücken. Auch blinde Kinder und Erwachsene nutzen in ihren Zeichnungen absichtliche Verzerrungen der Gegenstandsform und das Hinzufügen grafischer Elemente, die weder visuell noch taktil erfassbar sind, um einen bestimmten Zustand des Objekts auszudrücken. In diesem Kapitel zeigt sich, dass in einer Zeichnung auch für Blinde mehr enthalten sein kann als das bloße Abbild eines Objekts.

a) Bewegungsdarstellungen

PAT

Ausschlaggebend für ein Interesse KENNEDYS an metaphorischen Darstellungen von Bewegung in den Zeichnungen Blinder war eine Skizze von Pat, einer erwachsenen[75] Früh erblindeten aus Toronto. Pat hat eine Märchenprinzessin mit einem Spinnrad gezeichnet [Abb. 19].

Abb. 19.

Auf der stark schematisierten Zeichnung eines Stuhls sitzt eine menschliche Figur (die Prinzessin) im Profil. Sie ist ebenfalls in ihrer Gestaltung auf das Wesentlichste reduziert und erinnert dadurch an eine Strichmännchen-Zeichnung Sehender. Rechts vor der Prinzessin erhebt sich das Spinnrad von immenser Größe in Relation zu der Figur der Prinzessin. Das Spinnrad ist als Oval auf einem nahezu rechteckigen Unterbau gezeichnet. Ein weiterer Kreis ist als Doppelung des Spinnradumrisses hinzugefügt worden. Im Innern des Rades befindet sich eine gekurvte Linie, von der Pat sagt, dass sie die Drehbewegung des Spinnrads anzeige. KENNEDY (1993) vergleicht Pats Zeichnung mit der von sehenden Kindern im Vorschulalter. Pats Zeichnung zeige, dass sich eine blinde Erwachsene äußerst kompetent im Umgang mit Umrisszeichnungen verhalten könne, nachdem sie nur wenige Momente des Ausprobierens mit dem Zeichenmaterial genießen konnte. Außerdem habe Pat die Zeichnung sofort anfertigen können, ohne dass sie zuvor Zeichnungen im Stadium der Kritzelphase angefertigt habe. Weiterhin war für KENNEDY in dieser Zeichnung auffällig, dass Blinde auch metaphorischen Ausruck für Bewegung darzustellen

[75] Kennedy macht keine Angaben zum genauen Alter von Pat.

vermögen. Diese Beobachtung brachte ihn dazu, 13 blinde Erwachsene in Toronto gezielt um das Anfertigen von Bewegungsdarstellungen in ihren Zeichnungen zu bitten. Die Versuchsteilnehmer sollten einen laufenden oder rennenden Menschen und ein sich drehendes Rad zeichnen. KENNEDY wollte durch diese Vorgaben herausfinden, welche zeichnerischen Lösungen von den Blinden dafür gewählt würden und wie sie sich darüber äußerten. Die erste Versuchsaufgabe bestand darin, einen laufenden bzw. rennenden Menschen zu zeichnen. Bci dieser Versuchsanordnung hat sich gezeigt, dass die blinden Teilnehmer auf drei verschiedene Gestaltungsmomente zurückgriffen, um Bewegung darzustellen. Sie gestalteten sich wie folgt:

1. Veränderung der Form von bestimmten Teilen der Figur.
2. Es werden Hinweise auf einen bestimmten Kontext dargestellt, in dem sich die bewegte Figur befindet.
3. Der sich bewegenden Figur werden bestimmte grafische Elemente wie z. B. Bewegungslinien hinzugefügt.

RAF

Eine Mischung aus der ersten und zweiten der genannten grafischen Ausdrucksmöglichkeiten, um Bewegung darzustellen, nutzte der zwölfjährige früh erblindete Raf in seiner Zeichnung eines rennenden Mannes, der auf diese Weise Anlauf zu einem Hürdensprung nimmt [Abb. 20]. Die Hürde ist im Vordergrund durch eine rechteckige, nach unten offene Form angedeutet. Durch sie erhalten wir den Hinweis auf einen im Sportbereich befindlichen Kontext.

Abb. 20.

Die Arm- und Beinlinien werden durch zackig voneinander abgesetzte Striche wiedergegeben. Diese zackig gezeichneten Linien für Arme und Beine, sollen die beim schnellen Laufen angewinkelten Gliedmaßen veranschaulichen. Raf erklärt seine Art der Darstellung von Bewegung: *„It's just showing that his leg is bent. You know, when you run you sort of bend your leg."*[76]

PAU

Auch der erwachsene[77] und spät erblindete Pau greift bei seiner Zeichnung eines rennenden Menschen auf die erste Möglichkeit der Bewegungsdarstellung zurück [Abb. 21]. Er nutzte bei seiner Darstellung eines rennenden Menschen ebenfalls die Änderung der Form der Beine. Hier wird die schnelle Bewegung der Beine durch eine bogenförmige Unterbrechung der sonst geraden Beinlinien beschrieben.

Abb. 21.

[76] Kennedy, 1993, S. 166.

[77] Kennedy macht keine Angaben über das genau Alter von Pau.

PAT

Die anfangs erwähnte Pat zeichnete eine rennende menschliche Figur [Abb. 22] und

Abb. 22.

deutete ihre rasche Laufbewegung dadurch an, indem sie dem Kontext der Figur einen Zaun hinzufügte, der sich nach oben hin verkleinert. Somit hat Pat auf die zweite der oben genannten Möglichkeiten zur Darstellung von Bewegung zurückgegriffen. KENNEDY bezeichnet diese Art der Zaundarstellung als metaphorischen Hinweis auf die rasche Bewegung der Figur.

JIM

Auch der erwachsene Jim[78] (früh erblindet, ist fähig Helligkeitsunterschiede wahrzunehmen) fügt seiner Zeichnung die Informationen über die Bewegung der menschlichen Figur ihrem unmittelbaren Kontext hinzu [Abb. 23]. Die Punkte rechts

Abb. 23.

neben der Menschenzeichnung bezeichnet Jim als Andeutung von Staub, den der rennende Mensch durch seine Geschwindigkeit vom Weg aufwirbelt. Oft werden dem Kontext auch Informationen über den Weg, den der gezeichnete Mensch zurücklegt, in Form eines langen Striches hinter der Menschenfigur beigefügt.

Um Bewegung in der Zeichnung darzustellen, verwenden Blinde auch häufig die dritte der oben aufgezählten Variationen. Hierbei werden der Zeichnung bestimmte grafische Elemente hinzugefügt, die einzig für den Hinweis auf die Bewegung stehen. KENNEDY bezeichnet sie als *„pictorial runes"*[79] Diese stehen als Kürzel für eine ausführliche Zeichnung.

---

[78] Wieder macht Kennedy keine Angaben zum genauen Alter.

[79] Kennedy, 1993, S. 225.

LYS

Um einen Menschen mit dieser Methode in Bewegung darzustellen, hat die erwachsene[80] und früh erblindete Lys eine menschliche Figur frontal abgebildet [Abb. 24]. Unterhalb der Füße hat sie der Figur je eine Spur in übereinanderliegenden Kreiskritzeln hinzugefügt, die sich zu den Füßen nach oben hin, entsprechend der Klassifikation der Kritzelereignisse Sehender von KELLOG (1969)[81], zu vielfachen Schleifen entwickeln.

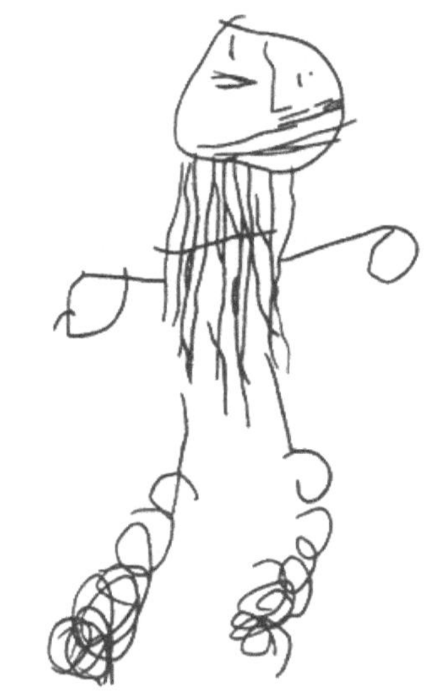

Abb. 24.

Diese Kritzelspur hat sie als grafisches Element für den Hinweis auf Bewegung der Figur hinzugefügt. Jeder dieser Kreiskritzel steht symbolisch für einen Schritt, den die Menschenfigur mit dem jeweiligen Fuß macht. Lys äußert sich dazu folgendermaßen: *„The steps that he's taking – as if walking towards me."*[82]

[80] Kennedy gibt das genaue Alter von Lys nicht an.

[81] Kellog, R.: „Analysing childrens´ art". Palo Alto. National Press Books 1969, zitiert nach Schuster, S. 15.

[82] Kennedy, 1993, S. 226.

Interessanter Weise steht die Kreiskritzelspur demnach nicht für Relikte einer bereits ausgeführten Bewegung, sondern für die Schritte, die noch in Zukunft erfolgen werden.

NAT

Der erwachsene[83] und früh erblindete Nat arbeitet bei der Darstellung von Bewegung mit einer Mischung der oben genannten ersten und dritten Option der zeichnerischen Darstellung von Bewegung. In seiner Zeichnung eines rennenden Menschen [Abb. 25] nutzt er wie Lys einmal dazu die Hinzufügung grafischer Elemente in Form einer vom rechten Fuß der Figur ausgehenden und zum linkem Fuß verlaufenden gebogenen Linie. Diese Linie steht stellvertretend für die schnelle Fortbewegung des rechten Fußes. Sie manifestiert, so Nat, allerdings nicht wie bei Lys eine noch zukünftig geschehende Bewegung, sondern eine, die bereits ausgeführt wurde. Bei den Zeichnungen Sehender, die Bewegung auch durch grafische Elemente wie gebogene Linien signalisieren, trifft diese zeitliche Identifikation einer solchen Linie in der Regel gleichfalls zu.

Abb. 25.

Außerdem nutzt Nat ähnlich wie Raf [Abb. 20] eine durch Bögen unterbrochene Linie für die Schilderung der sich heftig bewegenden Beine.

[83] Über das genaue Alter Nats liegen keinerlei Informationen vor.

Bemerkenswerter Weise nutzen Blinde wie Sehende für die Darstellung von Bewegung bei einer menschlichen Figur gleiche metaphorische Elemente wie z.B. das Hinzufügen von Bewegungslinien[84] zu den sich bewegenden Gliedmaßen. Diese Linien signalisieren generell einen Bewegungsablauf, egal von welcher Qualität dieser ist. CARELLO, ROSENBLUM und GROSOFSKY (1985) bemerken hierzu, dass es aber erhebliche altersbedingte Unterschiede beim Verständnis von den der Figur hinzugefügten Linien gebe. CARELLO et al., unterscheiden bei der Bewegungsdarstellung zwischen den der Figur als Ausdruck von Bewegung hinzugefügten Linien und der Veränderung der Körperform in eine bestimmte Haltung. In Untersuchungen habe sich, so CARELLO et al., gezeigt, dass Kinder zwischen vier und sechs Jahren Bewegung in einer fremden Zeichnung anhand der Darstellung einer bestimmten Körperhaltung zu 70–80% identifizierten. Weniger als 30% dieser Altersgruppe identifizierten eine Darstellung von Bewegung aufgrund hinzugefügter Elemente wie z.B. Bewegungslinien. Von den zwölfjährigen Kindern dagegen deuteten 50-60% eine Zeichnung als Bewegungsdarstellung bei der Wiedergabe einer bestimmten Körperhaltung und 70% konnten Bewegung anhand der Zeichnung hinzugefügter metaphorischer Informationen ablesen. Bei Sehenden werden aber nicht nur zusätzlich Bewegungslinien und eine bestimmte Körperhaltung als Information über einen Bewegungsablauf benutzt und zur Wiedererkennung eingesetzt, sondern häufig findet sich auch in Abbildungen mit Informationen über Bewegung die Technik der Mehrfachwiedergabe von z.B. Beinen und Armen. Diese Techniken setzen Sehende für jede Form der Bewegungswiedergabe, sei es Springen, Laufen oder Rennen, ein.

Für KENNEDY (1982a) wird im abrupten Wechsel von einer geraden Linie zu einer kurvigen Linie z.B. bei einer Arm- oder Beindarstellung Bewegung deutlich gemacht. Diese Feststellung lässt sich besonders in den bereits besprochenen Abbildungen 21 und 25 nachweisen. Hier erfolgt der Hinweis auf Bewegung durch die kurvige Gestaltung der Beinlinien. *„A change of curvature is one of the most basic shape changes possible, it can reasonably be argued. It is applied [...] to suggest movement. [...] Further, there are probably biases such that the best change*

[84] Solche Bewegungslinien sind sehenden Kindern zumeist aus Bewegungsdarstellungen in Comics bekannt.

for a particular purpose is unidirectional, e.g. the change from curved to straight may not suggest movement, indeed it may be better for braking. "[85]

CARELLO et al. nennen fünf zeichnerische Methoden, um die Bewegung einer menschlichen Figur auszudrücken:

1. Der Figur werden Bewegungsspuren in Form von Linien hinzugefügt.
2. Es werden mehrere Stufen eines Bewegungsablaufs hintereinander dargestellt.
3. Es werden positionelle Abweichungen gegenüber der Pose einer Figur in Ruhestellung gezeichnet.
4. Die Körperhaltung der Figur wird in einer geneigten Stellung dargeboten.
5. Es erfolgt die Zeichnung der Figur in einer bestimmte Orientierung auf einer Bodenlinie.

Die ersten beiden Punkte werden von CARELLO et al. als metaphorische Lösungsansätze beschrieben, da diese der Figur in der Realität nicht wahrnehmbare, symbolhaft hinzugefügte Bewegungslinien und unrealistische Doppelungen von Gliedmaßen beinhalten. Die restlichen drei Darstellungsmethoden für Bewegung würden, so CARELLO et al., in einer Zeichnung eher als realistischere Abbildung von Bewegung empfunden, da sie auch in Wirklichkeit zu beobachten seien. Wenn ein Mensch z.B. rennt, kann man auch visuell eine geneigtere Körperhaltung bei ihm ausmachen.

Einige von CARELLO et al. beschriebenen Formen der Bewegungsdarstellung bei einer menschlichen Figur lassen sich auch bei den Bewegungsdarstellungen Blinder feststellen. In Abb. 25 z.B. verwendet Nat für die Zeichnung eines rennenden Menschen eine Bewegungslinie, die sich vom rechten Fuß bogenförmig zum linken Fuß erstreckt. Diese Linie soll, wie oben schon erwähnt, zeigen, dass die Figur schnell rennt. Die hier gezeigte menschliche Figur wird auf einer Bodenlinie ausgerichtet, die sie nur mit ihrem linken Fuß berührt. Hier wird deutlich, dass der rechte Fuß im Lauf angehoben wird. Arme und Beine werden in gebogenen Linien wiedergegeben, um zu verdeutlichen, dass der rennende Mensch seine Gliedmaßen für eine zügige Fortbewegung beugen muss.

[85] Kennedy, 1982a, S. 602.

Generell lassen sich bestimmte Merkmale bei diesen Bildbeispielen Blinder zusammenfassen. Häufig wurden die Oberkörper der laufenden, bzw. rennenden Menschenfiguren frontal, die Beine dagegen von der Seite und mit den Füßen in eine bestimmte Richtung weisend dargestellt [Abb. 21, 27, 25]. Diese Merkmale lassen sich auch in der Kinderzeichnung Sehender nachweisen. IVES & ROVET (1979) bezeichnen die seitliche Abbildung eines Objekts als typische Pose für Bewegung. *„We found that for figures given a front orientation in the still position, motion is often represented by turning the figure or part of the figure resulting in a side or mixed orientation."*[86] Dieses Schema wird als gängiges Merkmal für die Darstellung von Bewegung in den Kinderzeichnungen Sehender verwendet. SCHUSTER erklärt hierzu, dass die Zeichnung einer menschlichen Figur in Bewegung deshalb oft an die Haltung altägyptischer Figuren erinnere. Hier werden die beim Laufen bewegten Glieder wie Arme und Beine in einer seitlichen Position wiedergegeben. Diese Kennzeichnung von Bewegung sei für das Kind leichter zu zeichnen. Wie IVES & ROVET stellt SCHUSTER fest, dass sich die seitliche Darstellungsweise der bewegten Glieder zu einem Schema für Bewegungsdarstellungen bei der Menschenfigur in den Zeichnungen sehender Kinder und Erwachsener entwickeln kann. IVES & ROVET erklären außerdem, dass bestimmte Objekte auch in Ruhestellung von Sehenden lieber von der Seite gezeichnet werden. Dies sei z.B. bei den Zeichnungen von Objekten wie Pferden, Booten und Autos der Fall. Die Andeutung von Bewegung erfolge hier durch das Hinzufügen grafischer Elemente wie Bewegungslinien. Der stehende Mensch werde dagegen in der Regel frontal und mit den Füßen nach außen gekehrt abgebildet. Die Verwendung von Bewegungslinien, so SCHUSTER, würde erst ab einem Alter von ca. acht Jahren in den Kinderzeichnungen auftreten. Hierfür könnten meiner Meinung nach womöglich die Erfahrungen mit der Bildersprache von Comics verantwortlich sein, in denen die Verwendung von Bewegungslinien standardisiert wird. Offen bleibt hier aber die Frage, warum ausgerechnet Blinde und sogar Früh erblindete zu dieser Methode von Bewegungsdarstellung zurückgreifen können, wenn diese keinerlei Erfahrung mit der Bildersprache der Comics haben. KENNEDY äußert sich zu diesem Phänomen: *„It is an 'invented' device since it does not appear in children's comics or photographs – invented by the blind as well as the sighted."*[87]

[86] Ives & Rovet, S. 286.

Bei der Zeichnung des „altägyptischen“ Körperschemas erscheinen die Gliedmaßen einer menschlichen Figur ähnlich wie bei einem Klappbild in zwei verschiedenen Ansichten in die Bildfläche „aufgeklappt“. Blinde wenden dieses Prinzip genauso an wie sehende Kinder. Die sich fortbewegende Menschenfigur bekommt in den Zeichnungen Blinder oft die Arme und Beine gebogen oder gezackt dargestellt [Abb. 24, 25, 29]. Auch werden die Arme und Beine deutlich vom Körper abgespreizt angeordnet. KENNEDY betont, dass die Veränderung der Körperform durch die Fortbewegung allein keine metaphorische Darstellung sei. Die Fortbewegung zu Fuß ziehe solche Körperveränderungen auf natürliche und sichtbare Weise nach sich. Die Untersuchungen von CARELLO et al. zur Identifikation von statisch gezeichneten Körperpositionen die Bewegung ausdrücken sollen, haben gezeigt, dass auf diese Weise viele Arten der Körperbewegung spezifiziert werden und dass sehende Kinder dazu in der Lage waren, die darin speziell ausgedrückten Körperbewegungen identifizieren zu können. Den Versuchskindern wurden stilisierte Zeichnungen von laufenden Menschen vorgelegt. Das Ergebnis dieser Untersuchungen war, dass eine Bewegung in der Zeichnung als schneller identifiziert wurde, je weiter die Beine und Arme vom Körper abgespreizt und je mehr die Beine und Arme gebogen dargestellt wurden. Blinde können diese Abbildungsmethoden in der Realität wohl kaum überprüfen. Desto erstaunlicher ist die Tatsache, dass auch sie in ihren Bewegungsdarstellungen der menschlichen Figur auf solche Kennzeichen zurückgreifen. KENNEDY äußert sich hierzu: *„In short, the blind invent what the sighted have deemed appropriate.“*[88]

Als weiteres Beispiel für die Darstellung von Bewegung in Zeichnungen, führt KENNEDY die Skizzen Blinder von sich drehenden Rädern an. Die Aufgabenstellung, ein sich drehendes Rad zu zeichnen, lösten KENNEDYS blinde Versuchspersonen wiederum durch die drei Methoden, die bei der bewegten Menschenzeichnung Verwendung gefunden hatten. Um Bewegung auszudrücken, wird auch hier 1. die Form des Rades oder der Radspeichen verändert, 2. Hinweise auf einen bestimmten Kontext der Radzeichnung hinzugefügt, d.h. das Rad wird z.B. als Spinnrad dargestellt und 3. werden dem sich drehenden Rad bestimmte grafische Elemente wie gekurvte Bewegungslinien hinzugezeichnet.

---

[87] Kennedy, 1993, S. 223.

JIM

Jim, der auch die bewegte Menschenzeichnung in Abb. 23 angefertigt hat, löste die Aufgabe mit Hilfe der erstgenannten Methode [Abb.26]. Die äußere Form hat er eiförmig gezeichnet, um zu zeigen, dass sich das Rad sehr schnell dreht. Auch die vielen kreuzförmig übereinander gemalten Speichen sind als Hinweis auf die rasche Drehung des Rades gedacht.

Abb. 26.

Andere Blinde veränderten auch die Speichenform von geraden in gebogene Linien, um die Drehbewegung des Rades kenntlich zu machen.

HAL

Der zehnjährige Hal, der auch den Tisch in Abb. 12 gezeichnet hat, fertigte die Zeichnung eines sich drehenden Rades [Abb. 27 links] und die eines Rades in Ruhestellung [Abb. 31 rechts] an. Um ein sich drehendes Rad zu zeichnen, greift er wie Jim auf die erste Darstellungsmöglichkeit zurück. In der Skizze des sich bewegenden Rades verändert er die runde Grundform desselben ebenfalls in eine ovale Form und zeichnet die Speichen innerhalb des Radumrisses übereinander und wild durcheinander fallend. Im Vergleich dazu hat Hal das Rad in Ruhestellung kreisförmig gezeichnet und die Speichen relativ gleichmäßig radial um die Nabe angeordnet.

Abb. 27.

[88] Kennedy, 1993, S. 224.

Durch die Darstellung von wild durcheinander und übereinander wirbelnden Strichen, wird ein realer visueller Eindruck von einem sich drehenden Rad nachvollziehbar wiedergegeben. Aufgrund einer optischen Täuschung durch die heftige Drehbewegung eines Rades können die Speichen visuell nicht mehr einzeln wahrgenommen werden. Um so erstaunlicher ist die Tatsache, dass ausgerechnet zwei Früh erblindete auf diese Methode der Bewegungsdarstellung zurückgreifen.

PAT

Die eingangs dieses Kapitels erwähnte Spinnrad-Zeichnung von Pat [Abb. 19] ist ein Beispiel für die zweite der oben genannten Optionen, die Drehbewegung eines Rades darzustellen. In dieser Zeichnung ist das Rad im Kontext einer Maschine, in diesem Fall eines Spinnrades, eingefügt. Die Kenntnis über die Tatsache, dass sich das Rad eines Spinnrades dreht, unterstützt hier die Absicht einer Bewegungsdarstellung. Pat greift aber auch auf Kennzeichen der dritten Darstellungsmöglichkeit von Bewegung zurück, indem sie in den Umriss des Rades eine gekurvte Bewegungslinie fügt und eine weitere Kreislinie als Hinweis auf die Drehbewegung um die Umrisslinie des Rades zeichnet.

PAU

Die Zeichnung des früh erblindeten und erwachsenen Pau [Abb. 28], der auch den rennenden Menschen in Abb. 21 gezeichnet hat, enthält zusätzlich grafische Elemente, die auf eine rasche Bewegung des Rades hinweisen. Somit entspricht diese Darstellungsform der dritten Methode, wonach die Bewegung eines Gegenstands durch zusätzliche grafische Elemente ausgedrückt wird. Pau hat das Rad als Kreis dargestellt.

Abb. 28.

Um dessen Umriss fügt er eine Spur mit, nach der Klassifikation der Kritzelereignisse Sehender von KELLOG[89], übereinanderliegenden Kreiskritzeln hinzu. Diese Art der metaphorischen Kennzeichnung von Bewegung erinnert an die Zeichnung eines laufenden Menschen von Lys [Abb.20]. Auch sie greift auf diese Form der Darstellung von Bewegung zurück. Innerhalb des Radumrisses hat Pau ein weiteres spiralförmiges Element als Hinweis auf die Drehbewegung gezeichnet.

Insgesamt wurde in KENNEDYS Versuchen über die Methodik der Bewegungsdarstellung in Menschenzeichnungen bei Blinden von 13 erwachsenen Versuchspersonen zehnmal die erste Methode, d.h. die Veränderung des Körperumrisses, z.B. die Darstellung der Beine in kurvigen Linien, gewählt. Damit war dies das beliebteste Medium, um die körperliche Fortbewegung eines Menschen darzustellen. Bei der zeichnerischen Umsetzung eines sich drehenden Rades wurde von neun erwachsenen Versuchspersonen sechsmal die Veränderung der Umrissform zur Kennzeichnung von einer Drehbewegung gewählt. Auch hier manifestiert sich eine Bevorzugung der ersten Methode. Leider kann man durch die Untersuchungsmethodik KENNEDYS keinerlei Aussagen über den Einfluss einer Früherblindung oder Späterblindung in dieser Sache machen, da bei der Auswahl der Versuchspersonen nicht auf die Gleichgewichtung von Früh erblindeten[90] und Spät erblindeten geachtet worden ist. Interessant bleibt aber auf jeden Fall, dass ausgerechnet die Früh erblindeten auf die Veränderung der Umrissform einer sich bewegenden Figur zurückgreifen, da sie hierbei Merkmale verwenden, die normalerweise nur visuell beobachtbar sind.

AMY

Als letztes Beispiel soll hier noch die Bewegungsdarstellung eines Rades von Amy, einer früh erblindeten Siebenjährigen, angesprochen werden [Abb. 29]. Amy zeichnete anstatt einer einzigen Umrisszeichnung gleich eine Aneinanderreihung von Kreisen. In die Mitte eines jeden Kreises setzte sie einen Punkt, um das jeweilige Kreiszentrum zu kennzeichnen. Mit dem Strich unterhalb der Kreisreihe soll, so Amy, die Darstellung eines Bewegungsablaufes angedeutet sein. Diese Art der

[89] Zitiert nach Schuster, S 15.

Zeichnung von Bewegung und die Spiralspur in Lys` [Abb. 24] und Paus Zeichnung [Abb. 32] dienen als metaphorischer Hinweis auf Bewegung. In der sogenannten Kritzelphase der zeichnerischen Entwicklung sehender Kinder findet sich eine sehr ähnliche Ausdrucksweise für die Darstellung von Bewegung. Ausgangspunkt für die Bewegungszeichnung ist hierbei nicht die Erfassung einer Ähnlichkeit mit einer visuell

Abb. 29.

erfassbaren Kontur eines Objekts, sondern die Ähnlichkeit mit einer beobachteten Bewegung desselben. MÜHLE spricht hierbei von der *„tunsqualitativen Primitivform"*[91] der Charakterisierung von Bewegung in einer Kinderzeichnung. Es entstehen Malspuren, die denen der Blinden in ihrem metaphorischen Ausdruck für Bewegung ähneln. In einer solchen Malspur wird bei Sehenden in der Kritzelphase und bei Blinden die Objektbewegung imitiert. Die Linie kann also zur Spur der Bewegung z.B. eines Autos oder eines Flugzeugs werden, ohne dass das Auto oder Flugzeug hinzugezeichnet wird. In der Kinderzeichnung Sehender wird dieser Bewegungsspur dann meist nur verbal ein bestimmtes Objekt zugeordnet. Die Verwendung solcher Bewegungsspuren tritt in der Kinderzeichnung nach WIDLÖCHERS (1995) Stufenfolge der Kinderzeichnung in der Phase des Kritzelns

[90] Früh erblindete waren bei diesen Untersuchungen immer in der Mehrzahl.
[91] Mühle, S. 72.

auf. Diese Kritzelphase leitet WIDLÖCHER von LUQETS Stufe des *„zufälligen* aber bereits die Fähigkeit, einfachste Linienzeichnungen von Gegenständen anzufertigen. *„Beide Repräsentationsmöglichkeiten, die Linie als Bewegungsspur und die Linie als Realismus"*[92] ab. In einem späteren Stadium dieser Phase, so SCHUSTER, entstehe *Grenze einer Region, können in einem Bild gleichzeitig auftauchen."*[93] Bei den in Abb. 28 und Abb. 32 beschriebenen Bewegungsdarstellungen Blinder werden die der Figur hinzugefügten Bewegungsspuren als grafische Elemente benutzt, die als metaphorischer Hinweis auf die Bewegung der jeweiligen Figur zu verstehen sind. Auch die blinden Kinder in KENNEDYS Zeichenversuchen zur Darstellung von Bewegung bevorzugen die Veränderung von Formen der Objekte und das Hinzufügen von grafischen Elementen in Form von Bewegungsspuren. Die Tatsache, dass gerade auch Früh erblindete gebogene oder wild durcheinander wirbelnde Speichen zeichnen, um die Bewegung eines Rades darzustellen, ist verblüffend, da diese Optionen nur durch den visuellen Eindruck und nicht durch den Tastsinn bestätigt werden können. Es lässt sich sicher nur schwer feststellen, ob hierbei nicht vielleicht doch bei manchen Früh erblindeten eine unbewußte visuelle Erinnerung daran im Gedächtnis haftet. Meiner Meinung nach aber lässt sich daraus ableiten, dass Blinde über ein extrem hohes Imaginationspotential verfügen. Dass Blinde bei der Darstellung eines rennenden Menschen häufig gebogene Linien für Arme und Beine verwenden, liegt vermutlich daran, dass sie hierbei auf die eigene Körperwahrnehmung zurückgreifen können.

b) Andere bildmetaphorische Darstellungen

Für ein hohes Imaginationspotential Blinder spricht auch, dass diese dazu fähig sind, bildhafte Metaphern für sprachlich beschreibende Zustände verwenden zu können. Um Zustände bildhaft beschreiben zu können, werden vom Zeichner häufig die von KENNEDY (1993) beschriebenen *pictorial runes* verwendet. Bei diesen handelt es sich um grafische Elemente, die die Entzifferung eines bildlich dargestellten Sachverhalts erleichtern sollen. Ein solcher Sachverhalt ist in einer Zeichnung ohne sprachliche Erläuterungen und ohne grafische Elemente zumeist nur schwer zu

---

[92] Widlöcher beschreibt zwar in ihrem Ablauf die gleichen Stufenfolgen wie Luquet, verwendet aber für diese andere Begriffe.

[93] Schuster, S. 14.

entziffern. Gemeint sind hierbei bildhafte Umschreibungen von Zuständen wie z.B. Angst, Schmerz, Gerüche oder Lärm. Cartoonisten nutzen hierbei visuell erfassbare *pictorial runes* wie Spiralen und Linien, die radial von einem Objekt ausgehen, um z.B. Schmerz zeichnerisch zu schildern. Objekte, die einen starken Duft oder Hitze ausströmen, werden mit wellenförmig aufsteigenden Linien umgeben.[94] Lärm und laute Geräusche werden von Sehenden durch metaphorische Elemente wie radial vom Zentrum des Geräusches ausgehende gerade Linien ausgedrückt. Die radial angeordneten Linien um die schematische Zeichnung eines Daumens können dem Betrachter Schmerzen signalisieren. KENNEDY (1982a) verweist hierzu auf die Assoziation der radial angeordneten Linien mit spitzen Nadeln, die Schmerzen auslösen können. Solche *pictorial runes* scheinen demnach auf Assoziationen zur perzeptuellen Erfahrung des Zeichnenden und des Betrachters, der die grafischen Elemente richtig entschlüsselt, zu beruhen. Auf diese Weise entstehen grafische Elemente mit symbolhaftem Charakter, die einen sonst nur sprachlich zu beschreibenden Zustand darstellen können. Während diese bildmetaphorischen Elemente in Abbildungen Sehender häufig anzutreffen sind, findet man sie, so KENNEDY (1993), nicht in den Illustrationen der Bücher für Blinde.

DOMANDER & KENNEDY[95] stellten blinden Erwachsenen[96] folgende zeichnerische Aufgaben: „Schmerz in einer Hand"; „Stinkender Müll"; „Ein Hammer, der durch den Aufschlag auf einem Tisch Lärm verursacht". Dadurch wollten DOMANDER & KENNEDY feststellen, ob und wie Blinde wörtliche Beschreibungen von Zuständen in ihren Zeichnungen bildhaft umsetzen können. Diese Aufgaben scheinen zunächst für eine bildnerische Umsetzung in eine einfache Linienzeichnung ungeeignet zu sein. Alle Versuchspersonen gaben bei dieser Aufgabenstellung an, Zeichnungen von solchem Inhalt noch nie angefertigt zu haben. Um zu beobachten, wie die Versuchsteilnehmer bei den Zeichnungen dieser Themen gedanklich vorgingen, wurden diesen zu den Fragen zur Absicht der Vorgehensweise gestellt.[97] Die Versuchspersonen wiesen bei ihren Zeichnungen häufig auf Linien hin,

---

[94] Kennedy erklärt diese Art der *pictorial runes* aus der visuellen Beobachtung von aufsteigendem Qualm eines brennenden Gegenstands.

[95] In: Kennedy 1993, S. 234 ff.

[96] Ohne Angaben über das genau Alter.

[97] Die Aussagen der Versuchsteilnehmer wurden protokolliert und später zur notwendigen Erklärung der Zeichnungen hinzugezogen.

die sie als „imaginär“ bezeichneten. Diese Aussagen zeigen, dass Blinde die gestellten Themen für die Darstellung in einer Linienzeichnung durchaus für geeignet hielten. In keiner der vorhergehenden Zeichenaufgaben, so stellt KENNEDY fest, habe ein Blinder eine Linie als imaginär bezeichnet. Aufgrund der protokollierten Äußerungen der Blinden, ließen sich sechs Abbildungskategorien feststellen. Diese wiederum konnten in zwei Hauptkategorien unterteilt werden:

1. Objektbezogene Abbildungen
2. Kontextbezogene Abbildungen

Zur ersten Kategorie wurden die Abbildungen gezählt, die die vorgegebene Thematik an einer diesbezüglich gestalteten Objektzeichnung darstellten. Als kontextbezogene Abbildungen wurden solche bezeichnet, die eine vorgegebene Bildaussage anhand der Darstellung eines bestimmten Kontexts zeichnerisch zu schildern versuchten. Diese beiden Hauptkategorien lassen sich in jeweils drei weitere Lösungsansätze unterteilen. Objektbezogene bzw. kontextbezogene Abbildungen können so gestaltet sein, dass sie die Thematik durch eine *a) wörtliche, b) metaphorische* oder *c) diagrammartige* Gestaltung wiedergeben. Ein Beispiel für eine objektbezogen wörtliche Wiedergabe wäre dann gegeben, wenn der Zeichner erklärt, dass er offensichtlich Stellen eines klar beschriebenen Schmerzes dargestellt habe. Ein metaphorischer Lösungsansatz ist dann erfolgt, wenn der Zeichnende eine Linie als „unnormal“, „unrealistisch“, „abstrakt“ oder „imaginär“ bezeichnet. Eine Linie in der zeichnerischen Darstellung von Schmerzen kann in diesem Fall als „imaginäre Linie“ der „Schmerzaura“ bezeichnet werden. Enthält eine Zeichnung aber eine Hinzufügung diagrammartiger Zeichen, so wird diese zum diagrammartigen Lösungsansatz gezählt. Hierbei werden der Zeichnung geschriebene Worte z.B. die Verbalisierung eines Geräusches, Pfeile, Ausrufungszeichen und andere grafische Symbole hinzugefügt.

Von 185 in diesem Experiment gewonnenen Zeichnungen wurden 132 als kontextbezogene Abbildungen angefertigt. Dieses Ergebnis macht deutlich, dass den meisten Blinden bei dieser komplexen Zeichenaufgabe eine einfache Umrisszeichnung eines Objekts ohne die Darstellung eines Kontexts nicht ausreichend erschien. Jedoch dürfe, so KENNEDY, daraus nicht geschlossen werden, dass Blinde die einfache Objektzeichnung als dafür völlig ungeeignet ansähen. Immerhin wurde in diesem Experiment in 53 Fällen eine objektbezogene Abbildungsweise vorgezogen. Meistens wurde hierbei (40 mal) auf eine metaphorische Gestaltung zurückgegriffen. Da in diesem Kapitel der Schwerpunkt auf metaphorische Darstellungsweisen gelegt ist, sollen hierzu drei zeichnerische Beispiele vorgestellt werden.

JAN

Der früh erblindete Jan zeichnete das Thema „Schmerz in der Hand" [Abb. 30]. Dies tat er in der Art einer objektbezogenen metaphorischen Darstellungsweise.

Abb. 30.

Die wellenförmige, breiter angelegte Linie soll die einzelnen Finger einer Hand veranschaulichen. Diese eigentümliche Zeichnung einer Hand wird wie folgt beschrieben: *„That the fingers are apart and straight out suggest that the hand is painful."*[98] Für eine metaphorische Darstellungsweise spricht hier vor allem die Zeichnung einer dünneren Linie um die Handzeichnung. Diese Linie bezeichnet Jan als *„imaginary aura of pain around"*.[99]

JOAN

Ebenfalls metaphorisch objektbezogen zeigt sich die Zeichnung eines „Hammers, der beim Aufschlagen auf einen Tisch Lärm verursacht" [Abb. 31]. Diese wurde von der früh erblindeten, aber noch Licht wahrnehmen könnenden Joan angefertigt. Den

[98] Kennedy, 1993, S. 236.
[99] Kennedy, 1993, S. 238.

Lärm, den der Hammer beim Auftreffen auf dem Tisch verursacht, stellt sie durch eine wolkenartige Komposition von gebogenen Linien dar.

Abb. 31.

Die Kollision des Hammers mit dem Tisch, verdeutlicht sie durch eine starke, vom Ort des Auftreffens aus nach oben diagonal verlaufende Linie.

JAY

Eine metaphorisch objektbezogene Darstellung von „stinkendem Müll" [Abb. 32]

Abb. 32.

fertigte der früh erblindete Jay an. Die würfel- bis kreisförmig umgrenzten Areale bezeichnen den Müll selbst. Die davon gerade nach oben verlaufenden Linien stehen für den Gestank, der von ihm ausgeht.

Siebzehn der 40 metaphorischen Darstellungen in diesem Experiment wurden von Geburtsblinden, 12 von Früh erblindeten und elf von Spät erblindeten angefertigt. Nur in 12 Fällen wurden diagrammartig objektbezogene Darstellungsweisen gewählt. Diese Abbildungsmöglichkeit wurde hauptsächlich von Geburtsblinden genutzt. Dies lässt sich vielleicht dadurch erklären, dass Spät erblindete im Gegensatz zu Geburtsblinden auf eine visuelle Erfahrung mit Objektdetails und mit dem Kontext des jeweiligen Objekts zurückgreifen konnten. Deshalb fertigten die Spät erblindeten vermutlich auch eher kontextbezogene Zeichnungen an. Durch dieses Experiment stellt KENNEDY heraus, dass Früh erblindete, die mit diagrammartigen Darstellungen in ihrer schulischen Ausbildung vertraut sind und daher fähig waren, mit einer abstrakten Abbildungsweise zu arbeiten. Sehr eindrucksvoll zeigt sich bei KENNEDYS Versuch, dass bildmetaphorische Abbildungen von Geburtsblinden, Früh erblindeten und Spät erblindeten gleichermaßen eingesetzt werden. „*So far as pictorial metaphor is concerned, the metaphor can be based on the shapes of objects known to vision and touch. If the metaphor is based on appropriate grounds, then it should make sense to the blind as well as to the sighted.*"[100]

[100] Kennedy, 1993, S. 242.

V. ZEICHNUNGEN BLINDER KINDER IM VERGLEICH ZU ZEICHNUNGEN SEHENDER KINDER

1. Aufbau der Untersuchung

Um das zeichnerische Verhalten Blinder in einem eigenen Versuch beobachten zu können, gab ich fünf blinden Schülern[101] an einer Blindenstudienanstalt in Hessen im Alter von 14-16 Jahren drei Aufgaben, die sie aus der Vorstellung heraus zeichnen sollten. Das Alter der Versuchsteilnehmer erschien mir deshalb als besonders geeignet, da man in diesem Alter davon ausgehen kann, dass sich die motorischen Fähigkeiten genügend entfaltet haben, um bei dem für die Blinden ungewohnten Vorgang des Zeichnens erkennbare Ergebnisse erhalten zu können.

Bei den blinden Jugendlichen handelte es sich um Schüler einer achten Klasse der Gymnasialstufe. Als Zeichenmaterial dienten die „Marburger-Gallus-Zeichentafeln“[102]. Diese Tafeln bestehen aus einer festen Gummischicht, die in einem Holzrahmen gefasst ist. Am oberen sowie am unteren Längsrand sind in das Holz Magnete eingelassen. Diese Magnete dienen zur Halterung zweier Metallleisten mittels derer man auf die Gummiunterlage eine dünne Plastikfolie von der Größe 34 X 26 cm aufziehen kann. Mit einem Kugelschreiber können auf dieser Plastikfolie bereits durch geringen Druck erhabene tastbare Linien produziert werden.[103] Den Versuchsteilnehmern stellte ich nacheinander drei Zeichenaufgaben, die alle aus der Vorstellung[104] angefertigt werden sollten und verschiedene zeichnerische Fähigkeiten erforderten.

Die erste Zeichenaufgabe bestand darin, einen Würfel zu zeichnen. Hierbei ging es um das räumliche Vorstellungsvermögen und um die zeichnerische Darstellung von perspektivischen Merkmalen. Diese Aufgabe wählte ich deshalb am Anfang des Zeichenversuchs, da mir der Klassenlehrer vor dem Versuch erklärte, er habe mit seinen Schülern den Würfel im Mathematikunterricht durchgenommen. Somit war diese Zeichenaufgabe mit einem für die Versuchsteilnehmer bereits

101 Die Namen wurden geändert.
102 Die Tafeln wurden nach ihrem Erfinder, dem Marburger Blindenlehrer Herrn Hahn benannt.
103 Diese Zeichentafel war ursprünglich für die Raumlehre entwickelt worden.
104 Es wurden keine Objekte zum Ertasten als Vorbild genommen.

bekannten Thema verknüpft, so dass ich mir dadurch für sie einen leichteren Einstieg in das Zeichnen erhoffte. Seitens der Lehrer der Blindenanstalt trat man mir hinsichtlich meines Zeichenversuchs mit blinden Schülern eher skeptisch entgegen. Mir war von verschiedenen Seiten versichert worden, dass das Zeichnen für die Blinden eine ungewohnte und dadurch eher unbeliebte Tätigkeit sei, ja man gab mir zu bedenken, dass sich einige vor dem Zeichnen sogar sperren könnten. Als wesentlich schwieriger erschien mir die zweite Zeichenaufgabe, in der die Teilnehmer einen laufenden Menschen darzustellen hatten. Hierbei sollte die Fähigkeit zum bildmetaphorischen Vorstellungsvermögen getestet werden. Ein weiterer Test zur bildmetaphorischen Vorstellung beinhaltete auch die letzte Aufgabe des Zeichenexperiments. Hier sollten die Teilnehmer den Zustand des Kopfschmerzes zeichnen. Bei dieser sehr schwierigen und abstrakten Aufgabe rechnete ich damit, nicht von jedem Teilnehmer ein Ergebnis zu erhalten.

Der Versuch fand im Kunstraum der Blindenschule, einer für die Versuchsteilnehmer vertrauten Umgebung, und während einer der beiden regulären Kunststunden statt. Ich durfte den Versuch in der ersten Kunststunde durchführen. Für die zweite Stunde hatte die Kunstlehrerin geplant, an einem Projekt mit dreidimensionalen Objekten in Ton weiter zu arbeiten. Hauptsächlich wird mit den blinden Schülern im dreidimensionalen Bereich gearbeitet. Daher hatte ich damit gerechnet, dass die Versuchsteilnehmer meinen Zeichenaufgaben vielleicht sogar mit Ablehnung begegnen würden. Tatsächlich aber herrschte während des Experiments eine gelöste, freie Atmosphäre. Die Versuchsteilnehmer unterhielten sich während des Zeichnens lebhaft miteinander und machten nicht den Eindruck, als seien sie überfordert. Sie äußerten zwar ab und an Unzufriedenheit mit ihren Zeichnungen, fassten aber immer wieder Mut, wenn man ihnen bestätigte, dass man das Gezeichnete gut erkennen könne. Der Vorgang des Zeichnens erfolgte bei allen rasch und ohne ein Zeichen der Ablehnung dieser Technik. Es stellte sich während des Zeichnens sogar ein waches Interesse der Versuchsteilnehmer an den Zeichnungen der anderen ein. Nachdem alle Aufgaben erfüllt waren, habe ich Zeichnungen von einigen Versuchsteilnehmern betrachten lassen, um zu sehen, inwieweit eine Zeichnung für einen anderen Blinden nachvollziehbar ist. Hierauf werde ich erst im Kapitel „Versuchsauswertung“ eingehen.

Um die Ergebnisse mit den Phänomenen der Kinderzeichnung Sehender anhand von Beispielen vergleichen zu können, wurde der oben beschriebene Versuch noch einmal in der siebten Gymnasialklasse einer Regelschule durchgeführt. Die 22[105] Schüler einer Gesamtschule in Hessen bekamen die gleichen Zeichenaufgaben in derselben Reihenfolge gestellt. Erlaubt waren ihnen alle Arten von Stiften mit denen sich ein klarer Umriss zeichnen lässt und Papierbögen im DIN-A-4-Format. Nicht erlaubt waren Hilfsmittel wie Lineal und Zirkel.

2. Zeichnung eines Würfels

MARKUS

Der 14jährige Markus ist geburtsblind. Vor diesem Zeichenversuch hatte er nur geringe Erfahrung mit dem Medium Zeichnen gemacht. Er zeichnete während der ersten Zeichenaufgabe zwei nahezu quadratische Formen und ein größeres Rechteck [Abb. A]. Das kleine Quadrat links in der Bildfläche hat er zuerst gezeichnet, danach erfolgte die Zeichnung des größeren Quadrates unten. Markus tastete die Zeichenfläche ab, entdeckte die freie Fläche oberhalb des größeren Quadrates und füllte diese Fläche mit einem großen Rechteck aus. Dabei gelangte er zu nahe an das kleinste der Quadrate und lief Gefahr, dieses mit der neuen Linie zu schneiden. Als er während des Zeichnens die Umrisslinien des kleinen Quadrates ertastete, unterbrach er deshalb die Expansion des großen Rechtecks nach links und schloss es hier durch eine senkrechte Linie. Die plötzlich drohende Kollision mit dem kleineren Quadrat äußerte er verbal und zeigte sich erleichtert, dass er es nicht mit der Linie des Rechtecks übermalt hatte.

Bei Markus` Würfelzeichnungen zeigen sich durch die verlängerten Linien rechts beim Rechteck und auch bei der unteren nahezu quadratischen Fläche Schwierigkeiten beim genauen Schließen der Umrisslinie. Dieser Konflikt wird auch

[105] Aus organisatorischen Gründen wurden hier nicht nur fünf Personen ausgewählt. Es sollen in dieser Studie auch keine Korrelationen berechnet werden, sondern lediglich Phänomene der Kinderzeichnung in den Zeichnungen Blinder beobachtet und mit den Zeichnungen Sehender verglichen werden.

an der oberen linken Ecke der unteren Würfelzeichnung deutlich. Bei Markus′ Zeichnung zeichnet sich die Tendenz ab, die gesamte Zeichenfläche auszunutzen. Er stellt allerdings alle seine Würfelzeichnungen ohne die perspektivischen Merkmale eines Würfels dar.

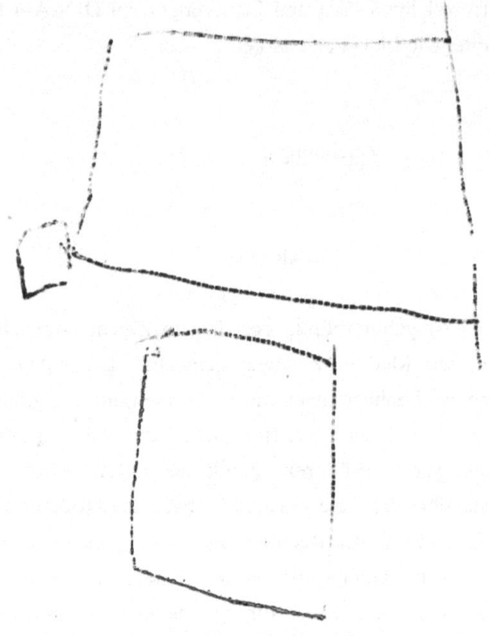

Abb. A.

RICHARD

Richard ist sechzehn Jahre alt und von Geburt an stark sehbehindert gewesen. Durch mehrere Operationen ist die Sehfähigkeit so weit herabgesetzt, dass er zwar noch farbige Flächen, nicht aber deren Umrisse wahrnehmen kann. Vor der extremen Verschlechterung seiner Sehkraft hatte Richard eine Regelschule besucht, in der er im Kunstunterricht öfter gemalt und gezeichnet hatte. Trotzdem verzichtete er bei seiner Würfelzeichnung [Abb. B] wie Markus auf perspektivische Merkmale.

Abb. B.

Er fertigte eine eher rechteckige Umrisszeichnung an. Richard zeigt dabei ebenfalls Schwierigkeiten beim Schließen des Umrisses der Figur. In der Umrisslinie der rechten Seite des Rechtecks bleibt eine Verschlusslücke sichtbar.

STEFANIE

Stefanie ist 14 Jahre alt und geburtsblind. Sie gibt an, nur sehr wenig Erfahrung mit dem Zeichnen zu haben. Auch sie stellt in ihren Würfelzeichnungen [Abb. C] keine perspektivischen Merkmale dar. Zuerst zeichnete sie das Rechteck in der Mitte, dann das Quadrat in der rechten Hälfte der Zeichenfläche. Sie zeigte große Schwierigkeiten bei der Schließung des jeweiligen Umrisses. Stefanie setzte vor die Verschlusslücke der rechten Seite des Rechtecks eine weitere Linie, die sie nach unten an die untere Begrenzungslinie und nach oben nicht ganz an die obere Begrenzungslinie anschloss. Die zu lang geratene Linie, die das Rechteck nach unten begrenzt, schließt nicht mit der Linie der linken Seitenbegrenzung ab. Bei der Zeichnung des Quadrates rechts überschneiden sich die Linien in jeder Ecke, außer in der rechten oberen Ecke. Diese vermochte Stefanie nicht auf Anhieb zu schließen.

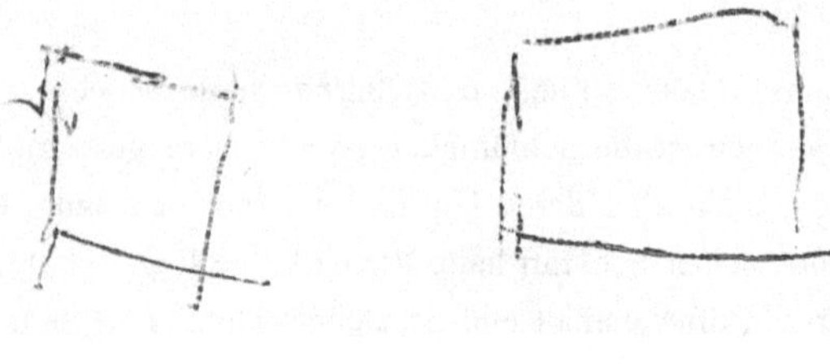

Abb. C

Deshalb zeichnete sie eine Ecke ein Stück von der eigentlichen Umrisslinie entfernt darüber. Perspektivische Merkmale lassen sich auch hier nicht erkennen.

MARIA

Die von Geburt an blinde 15jährige Maria gab an, kaum zeichnerische Erfahrung zu besitzen. Sie fertigte ihre Würfelzeichnung [Abb. D] als quadratische Fläche aber

Abb. D.

ohne perspektivische Merkmale an. Auch bei ihr ist der Umriss nicht vollständig geschlossen. Dies wird an der Verschlusslücke in der linken unteren Ecke deutlich. Einen zweiten Versuch einer Würfelzeichnung in der linken Hälfte der Zeichenfläche bricht sie ab, als der Stift bei der Zeichnung der linken Würfelseite nicht in einer geraden Linie verblieb.

TIM

Der 15jährige und von Geburt an blinde Tim ist noch fähig, hell und dunkel zu unterscheiden. Er zeichnet zu Hause öfter an einer eigenen Zeichentafel. Das tue er vor allem immer dann, wenn er z.B. einen Schulaufsatz anzufertigen gedenkt. Das Zeichnen, so erklärte er, helfe ihm die Gedanken zu ordnen, um sich besser auf die Arbeit konzentrieren zu können.

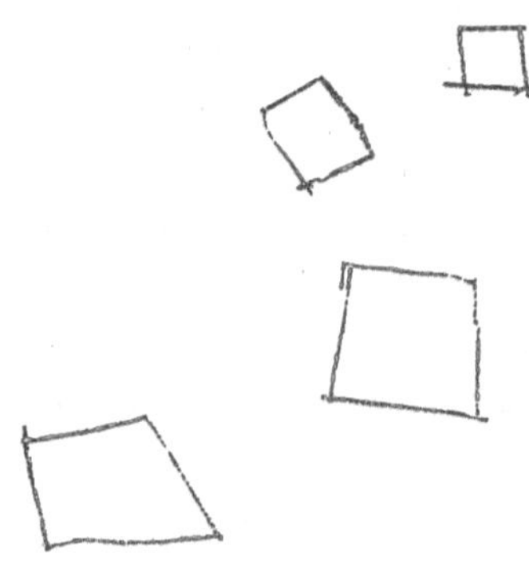

Abb. E.

Tim zeichnete vier quadratische Umrisse in der Reihenfolge von links unten nach rechts oben [Abb. E]. Die Seiten des kleineren Quadrates unten links sind fast gleichmäßig lang geraten. An der rechten oberen Ecke überschneiden sich die Seitenlinien. Der Umriss ist an allen vier Seiten geschlossen gezeichnet. Beim zweiten Quadrat weiter oben rechts ist der Umriss ebenfalls geschlossen dargestellt. Jedoch findet auch hier in der rechten oberen Ecke eine Überschneidung der Seitenlinien statt. Die Quadratfläche ist hier nach links gekippt. Die erheblich größere Quadratzeichnung darüber weist in der unteren rechten Ecke eine Verschlusslücke auf, die Tim durch eine kurze davor gesetzte Linie, die mit der unteren Seitenlinie abschließt, zu kaschieren versuchte. Das zuletzt gezeichnete Quadrat ganz oben rechts weist nicht mehr die sichere und gerade Linienführung der drei Vorgänger auf. Alle Seiten sind geschlossen gezeichnet. Überschneidungen gibt es kaum. Die wellenförmige Linie als obere Begrenzungslinie kam vermutlich dadurch zustande, dass die rechte Seitenlinie im Gegensatz zur linken Seitenlinie zu kurz geraten war, um eine sichere Schließung des Umrisses erhalten zu können. Dies vermochte Tim nur dadurch auszugleichen , dass er die Linie der oberen Seitenbegrenzung in der Strichführung nach links anhob.

Die blinden Versuchsteilnehmer haben in ihren Zeichnungen durchweg auf Ansätze zur Wiedergabe perspektivischer Informationen verzichtet. Die einfache Darstellung nur einer Würfelseite wurde als ausreichend erachtet. Dies geschah, obwohl einige der Teilnehmer das Wissen um die sechs Seiten eines Würfels vor der Zeichnung verbal äußerten. Vermutlich ist es deshalb zu diesem Ergebnis gekommen, weil sich die Teilnehmer bei dieser Übung erst an die Zeichenbewegung gewöhnen mussten. Diese Aufgabe war für den Einstieg mit Berücksichtigung der perspektivischen Darstellungsweise wahrscheinlich doch zu schwierig. Die Versuchspersonen wurden von mir außerdem nicht ausdrücklich auf die Möglichkeit der perspektivischen Darstellung hingewiesen. Den Versuchsteilnehmern war frei-gestellt, auf welche Weise sie einen Würfel aus der Vorstellung zeichnen wollten. Man hätte eine perspektivische Zeichenweise vielleicht dadurch unterstützen können, dass man den Versuchsteilnehmern ein Würfelmodell zum Tasten vorgegeben hätte. Eigentlich sollte es aber hier um die interne Repräsentation eines Objekts und dessen perspektivische Darstellungsweise gehen. SCHUSTER betont, dass auch bei sehenden Kindern die Aktivierung der Vorstellung von Perspektive eines Gegenstands eine Umsetzung desselben in die Zweidimensionalität kompliziert mache. *„Die Zeichnungen der blinden Kinder zeugen von der gleichen Schwierigkeit, die dreidimensionale Gegebenheit angemessen auf die zweidimensionale Fläche zu bringen.“*[106] Tatsächlich entstanden im selben Versuch mit 22 sehenden Kindern des gleichen Alters zwei Lösungsvorschläge, die denen der blinden Kinder entsprachen.[107] Einige auffällige Ergebnisse der 22 sehenden Versuchsteilnehmer möchte ich hier nun vorstellen.

---

[106] Schuster, S. 77.

[107] Die sehenden Versuchspersonen hatten das Thema perspektivisches Zeichnen allerdings vorher schon im Kunstunterricht behandelt.

MARIE & SARAH

Auch Marie [Abb. F] und Sarah [Abb. G] verzichten bei ihren Würfelzeichnungen auf perspektivische Informationen.

Abb. F.

Diese Zeichnungen enthalten nicht einmal einen Versuch, die Perspektive des Würfels zeichnerisch darstellen zu wollen. Um eine perspektivische Wiedergabe hatten sich von den 22 Teilnehmern immerhin neun bemüht, obwohl ihnen das zeichnerisch nicht überzeugend gelungen war. Elf der sehenden Versuchsteilnehmer lieferten eine Würfelzeichnung mit der korrekten Wiedergabe der perspektivischen Merkmale ab.

Abb. G.

CHRISTIN

Ein Beispiel für eine nicht korrekt wiedergegebene perspektivische Würfelzeichnung liefert Christin in ihrer Zeichnung [Abb. H].

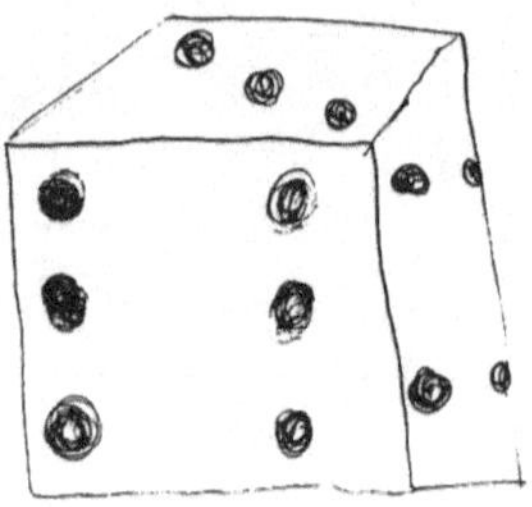

Abb. H.

Sie bemühte sich zwar die perspektivischen Merkmale des Würfels korrekt wiederzugeben, zeichnete jedoch die Bodenlinie der rechten Seite des Würfels nicht parallel zur oberen Begrenzungslinie dieser Seite schräg nach hinten, sondern wie die Bodenlinie der frontal zum Betrachter gerichteten Seite gerade in die Bildfläche hinein. Dadurch entsteht der Eindruck, als sei die rechte Seite „aufgeklappt".

YOUSSEF

Auch bei Youssefs Würfelzeichnung [Abb. I] entsteht der Eindruck einer fehlerhaften

Abb. I.

Perspektive. Es hat den Anschein, als ob man schräg von oben auf den Würfel blicke. Dann aber hätten die Bodenlinien der linken und rechten Seitenflächen des Würfels parallel mit den schräg nach hinten verlaufenden oberen Begrenzungslinien dieser

Würfelseiten verlaufen müssen. Youssef hat sich vermutlich dadurch in zeichnerische Schwierigkeiten gebracht, dass er nicht von einer gleichmäßig quadratischen Grundform ausgegangen war.

DÉSIRÉE

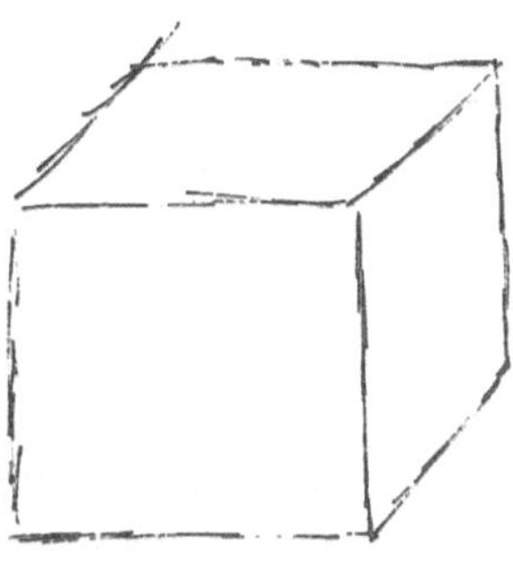

Abb. J.

Die Würfelzeichnung von Désirée [Abb. J] zeichnet sich durch eine korrekte Wiedergabe der perspektivischen Informationen aus. Die Seiten der Grundform des Quadrates sind ihr auch ohne Hilfsmittel wie Lineal oder Geodreieck gleichmäßig lang geraten. Die schrägen Linien der rechten Seitenfläche verlaufen parallel zueinander.

Die blinden Versuchsteilnehmer fügten ihren Zeichnungen zwar keinerlei perspektivische Merkmale hinzu, vermochten es aber freihändig und ohne Vorübungen eine fast geschlossene und gleichmäßige Form mit nahezu rechten Winkeln zu zeichnen. Dies geschah teilweise, ohne dass der Stift beim Zeichnen einmal abgesetzt wurde. Obwohl in der Klasse der sehenden Schüler das perspektivische Zeichnen geübt wurde und diese im Umgang mit dem Zeichnen ohnehin vertraut waren, kam es immer noch vor, dass 41% eine fehlerhafte Perspektive und 9% ein Ergebnis wie die blinden Schüler in ihren Zeichnungen lieferten.

3. Zeichnung eines laufenden Menschen

Ausgangspunkt für diesen Versuch war die Überlegung, wie Blinde in einer statischen zweidimensionalen Zeichnung Bewegung auszudrücken vermögen und welche zeichnerischen Möglichkeiten sie dazu verwenden würden. Sehenden Kindern und Jugendlichen ist die Darstellung von Bewegung durch die Hinzufügung grafischer Elemente wie Bewegungslinien oder verdoppelte Gliedmaßen, die sich dadurch in den einzelnen Stadien des Bewegungsablaufes präsentieren, aus dem Umgang mit Comics geläufig. Solche Elemente der Bewegungsdarstellungen erwartete ich bei ihren Zeichnungen. Zunächst möchte ich hier erst einmal wieder auf die Zeichnungen der blinden Versuchsteilnehmer eingehen.

MARKUS

Markus nutzt für seine hier verkleinert wiedergegebene Zeichnung eines frontal dargestellten laufenden Menschen das ganze Folienformat aus [Abb. K]. Den Kopf platzierte er knapp in der Mitte des oberen Folienrandes. Der Kopf, eine Kreisform, wird durch die Darstellung eines einfachen Gesichtsschemas (zwei Punkte für die Darstellung der Augen, einen vertikalen Strich für die Nase und einen links und rechts nach oben gebogenen horizontalen Strich für den Mund) verdeutlicht. Von der Kreisform des Kopfes ausgehend, konstruierte Markus den Aufbau des in waagerechten Strichen gestalteten dreieckigen Körpers.

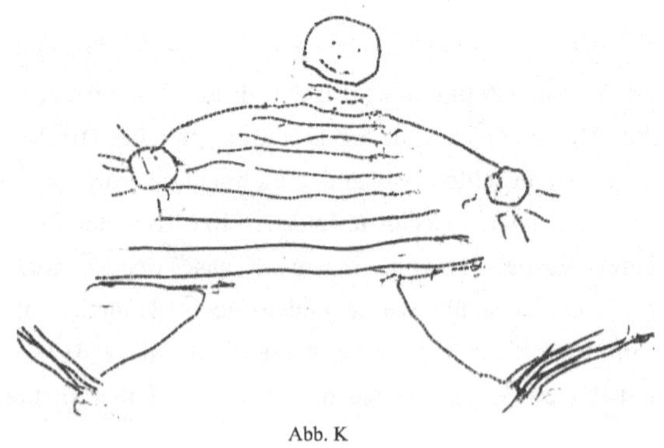

Abb. K

Immer wieder prüfte er hier den Abstand zwischen den Linien mit den Fingern nach. Es gelang ihm dadurch tatsächlich den Abstand der Linien relativ gleichmäßig zu halten. Auch kam es hierbei erstaunlicher Weise zu keinerlei Überschneidungen. Die Linien zeichnete er nach unten hin allmählich immer länger. Dadurch erhielt der Körper der Figur seine dreieckige Form. Markus zeigte hier, dass eine reine Umrisszeichnung zur Darstellung eines Körpers nicht unbedingt notwendig ist. Die Arme verlaufen als dünne, vom Körper nach links und rechts abgespreizte und leicht gebogene Striche, die Markus jeweils oben am dritten waagerechten Strich der Körperzeichnung ansetzte. An die beiden Enden der Armlinien zeichnete er zwei Kreise als Handflächen. Die Schließung dieser Kreise gelang ihm optimal. Jeder Handfläche fügte er anschließend noch je fünf, radial um die Kreisfläche angeordnete, kurze Striche als Finger hinzu. Dieses sehr markant gestaltete Schema für die Darstellung von Händen, tritt genauso auch in den Zeichnungen sehender Kinder im Vorschulalter auf [Abb. 38].

Abb. 38.

MEILI-DWORETZKI (1957) erklärt, dass sich diese Art, Hände und auch Füße darzustellen, aus dem Schema für die Abbildung der Sonne entwickelt habe. Das sehende Kind in Abb. 38 hat im Alter von fünf Jahren das Sonnenschema sowohl für die Darstellung der Hände als auch für die der beiden Blumen links von der menschlichen Figur genutzt. Die Anzahl der Striche an den Händen erfolgte wahllos. Markus dagegen hat für jede Hand genau fünf Striche abgezählt und dabei dieses Schema in eine realistischere Form gebracht. Außerdem stellte er den Abstand zwischen Daumen und den übrigen Fingern wie bei einer echten Hand größer dar. Markus arbeitete dadurch das Sonnenschema für die Hände weiter aus und näherte sich somit den Merkmalen einer echten Hand. Auch die laufende Figur von Lys in Abb. 28 weist dieses Moment der Handgestaltung, wenn auch nur annähernd, durch die Gestaltung der Handflächen als Kreise auf. Die radial angeordneten Striche für die Darstellung der einzelnen Finger fehlen allerdings hier. Den Ansatz der Beine am unteren Ende des dreieckigen Körpers stellte Markus durch jeweils zwei horizontal verlaufende, dem Verlauf der untersten Linie der Körperzeichnung angepasste Linien dar. Aus diesen Linien entspringen die weit nach links und rechts außen gebogenen Linien für die Beine. Die Füße setzte Markus jeweils am unteren Ende der gebogenen Beinlinien an. Die Füße selbst bestehen aus mehreren dünnen Linien die in rechtem Winkel zur Beinlinie gezeichnet wurden und diagonal in die Zeichenfläche ragen. Man könnte hier annehmen, dass Markus auf diese Weise die einzelnen Zehen des Fußes darstellen wollte. Hierfür spricht aber nicht unbedingt, dass die Anzahl der „Zehen“ nicht der realen Anzahl angepasst wurde. Durch die weit nach links und rechts außen gebogenen Beinlinien versuchte Markus, in seiner Zeichnung eines laufenden Menschen die Bewegung desselben auszudrücken. Die Beine scheinen vor Geschwindigkeit im Raum zu „fliegen“. Sie berühren beide den Boden nicht mehr. Dieser Lösungsansatz Bewegung zeichnerisch darzustellen, paßt in den ersten der drei von KENNEDY (1993) beobachteten Gestaltungsmomente blinder Zeichner bei der Darstellung eines laufenden bzw. rennenden Menschen. Markus drückte durch die gebogenen Beinlinien die Laufbewegung desselben aus.

RICHARD

Richard verwendete für seine Zeichnung eines laufenden Menschen eine Mischform der Ansichten [Abb. L]. Während der Oberkörper frontal wiedergegeben wurde, erscheint die Darstellung der Beine von der Seite. Diese Art der Gestaltung eines laufenden Menschen erinnert an das „altägyptische“ Körperschema, wie es ebenso in den Zeichnungen sehender Kinder und auch Erwachsener vorkommen kann. Die gesamte Menschenzeichnung besteht aus der Zusammenfügung einzelner geometrischer Formen in unterschiedlichen Ausführungen. Kopf und Bauch werden als langgezogene Rechtecke wiedergegeben, während der Hals in Form eines Quadrates zwischen beide Körperteile eingepasst wird. Diese eher additiv anmutende Körperkonstruktion erinnert sehr an die Darstellungsweise der Menschenfigur von Jim in Abb. 27. Wie bei Markus drückt Richard die eigentliche Laufbewegung durch das vom Körper nach links weggebogene rechte[108] Bein und das weit ausgestellte

[108] Bei der Beschreibung der Seiten der Körperteile gehe ich immer von der Figur aus.

und gerade gezeichnete linke Bein der Figur aus. Weit abgespreizt wurden von Richard auch die Arme dargestellt. Dadurch, dass sich

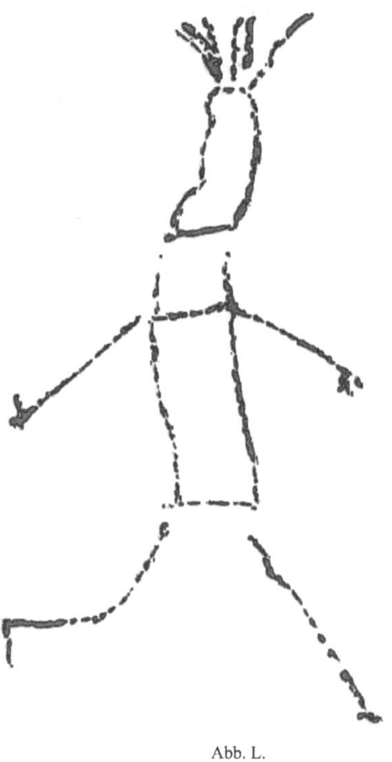

Abb. L.

durch die Verbindung der Linie des rechten gebogenen Beins, der linken Begrenzungslinie des Oberkörpers, des Halses und des Kopfes eine wellenförmig geschwungene Linie ergibt, erhält die gesamte Figur einen stark dynamischen Ausdruck. Die schwungvolle Bewegung des rechten Beins durchzieht den gesamten Körper der Figur.

STEFANIE

Stefanie begann ihre Zeichnung [Abb. M] mit der Darstellung eines im Vergleich zum übrigen Körper überdimensionierten Kopfes in den sie sorgfältig zwei Punkte als Augen, einen senkrechten Strich als Nase und eine waagerechte Linie als Mund einfügte. Für die Zeichnung des Bauches griff sie nicht auf eine bestimmte Form im Umriss, sondern auf eine Spur von Kreiskritzeln zurück. Auf die gesonderte Darstellung eines Halses verzichtete Stefanie. An den oberen Bereich des Bauches fügte sie, seitlich von diesem abgespreizt, zwei gerade Linien als Arme und unterhalb des Bauches zwei weitere gerade Linien als Beine an. Die an die Beinlinien gezeichneten Striche für die Füße zeigen in die Laufrichtung nach rechts. Auch Stefanie verwendete für die Menschenzeichnung eine Vermischung der Ansichten.

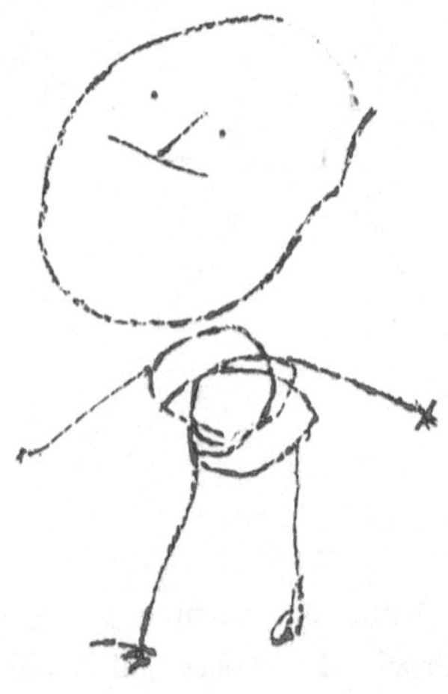

Abb. M.

Kopf und Bauch wurden in Frontalansicht, die Beine in Profilansicht gezeichnet. Den einzigen Hinweis auf Bewegung geben die weit vom Körper abgespreizten Arme und die weit auseinander gestellten Beine. Das linke Bein der Figur scheint wie in Schrittstellung ein Stück weiter nach rechts außen zu tendieren. Eine Biegung von

Arm- und Beinlinien als Zeichen von Bewegung wurde von Stefanie nicht dargestellt. MÜHLE erklärt diese Art einen laufenden Menschen darzustellen als früheste Art der Bewegungsdarstellung in der Kinderzeichnung Sehender. Hier werden an ein einfaches Körperschema weit vom Körper abgespreizt die Arme angefügt und die Beine häufig umgedreht V-förmig gezeichnet. Manche Gestaltungsmomente von Stefanies laufender Menschdarstellung erinnern an die Zeichnung eines laufenden Menschen von Pau [Abb. 25]. Auch Pau stellte die bewegten Beine von der Seite und den Oberkörper von vorne dar. Die Beine wurden von ihm weit auseinander gestellt gezeichnet. Jedoch betonte er die Beinbewegung mittels Unterbrechung der geraden Beinlinien durch Kurven. Die Arme wurden wie bei Stefanies Zeichnung in weit vom Körper abstehender Haltung dargestellt.

MARIA

Auch Maria zeichnete ihren laufenden Menschen in gemischten Ansichten [Abb. N].

Abb. N.

Die Beine wurden von der Seite, der Oberkörper von vorne abgebildet. Die Ausarbeitung des Kopfes mit einem stilisierten Gesicht und den Ohren, die auf gleicher Höhe an den Kopf angezeichnet wurden, war Maria besonders wichtig. Hier investierte sie die meiste Zeit. Die gesamte Figur besteht wie bei Richards Zeichnung aus der additiven Aneinanderfügung von einzelnen für sich abgeschlossen gezeichneten Einzelteilen. Die abgeschlossene Kreisform wählte Maria für die Darstellung des Kopfes. Den Hals zeichnete sie als längliches Oval und den Bauch als kreisförmige Fläche. In die Kreiszeichnung des Bauches fügte Maria noch untereinander drei sorgfältig in einer Linie angeordnete Punkte als Knöpfe. Der Hals erhält eine schraffierte Binnenzeichnung. Ein solcher Detailreichtum an ausschmückenden Elementen findet sich nur in Marias Menschenzeichnung. Bei der Anfertigung der Kopfzeichnung monierte sie, dass ihr der Kreis nicht gleichmäßig rund gelungen war. Sie bezeichnete ihn als zu eiförmig. Dann aber tröstete sie sich damit, dass ein echter Kopf sowieso nicht kreisrund sei. Das rechte Bein der Figur zeichnete Maria nach links oben gebogen und vom linken Bein, das als gerade nach unten gezeichneter Strich dargestellt wurde, weiter entfernt. Der kurze Strich zwischen den beiden Beinen sollte ursprünglich der Ansatz des rechten Beins darstellen. Maria erschien der Abstand als zu eng geraten und so fing sie die Zeichnung eines neuen[109] Beines ein Stück weiter links an. Die Füße wurden von Maria als kurze Striche an die unteren Enden der Beinlinien in der Laufrichtung nach links angesetzt. Die gesamte Figur scheint sich in diese Laufrichtung leicht nach links zu neigen. Da sie so viel Zeit in die Ausgestaltung der Details wie Knöpfe, Binnenzeichnung im Hals, die Ausarbeitung des Gesichts und die genaue Anordnung der Ohren investierte, vergaß Maria die Zeichnung der Arme. Maria drückte die Bewegung ihrer Figur allein durch die gebogene Linie des rechten Beins aus. Damit griff sie auf das, von KENNEDY bei seinen blinden Versuchspersonen beobachtete Gestaltungsmoment der Veränderung von bestimmten Teilen der Figur zurück. Aber auch das von CARELLO et al. bei Sehenden beobachtete Gestaltungsmittel des nach einer Seite geneigten Körpers für die Zeichnung eines laufenden Menschen wird in Marias Zeichnung erkennbar.

[109] Korrekturen einer Zeichnung können auf der Zeichentafel nicht vorgenommen werden.

TIM

Tim arbeitete bei der Zeichnung des laufenden Menschen [Abb. O] wie Markus sehr großflächig.

Abb. O

Zunächst zeichnete am unteren Rand der Zeichenfläche eine Linie, die er als Bodenlinie bezeichnete. Dann begann Tim mit der Zeichnung des Kopfes in der Mitte des oberen Bildrandes. Den Kopf stellte er als Kreisform dar. Jedoch gelang ihm die Schließung derselben an der linken Seite nicht vollständig. Außer zwei kleineren Kreisen für die Augen zeichnete er keine weiteren Details für die Darstellung des Gesichts. Die Figur wurde wie bei Richards und Marias Zeichnung aus der Zusammenfügung von bestimmten geometrischen Flächen aufgebaut. Der Hals besteht aus der Zeichnung einer rechteckigen Fläche, die Tim an die Kreisform des Kopfes anfügte. An dieses Rechteck zeichnete er eine größere kreisförmige Fläche als Leib. Damit verband er anschließend links und rechts weit auseinander gestellt zwei lange annähernd rechteckige Flächen als Beine. Die Länge dieser Rechtecke ergab sich aus der Annäherung derselben zur Bodenlinie. Das linke Bein zeichnete Tim etwas länger als das rechte, um zu demonstrieren, dass dieses mit der Bodenlinie im Kontakt steht. Das rechte Bein dagegen erscheint etwas verkürzt, da es von der Figur zum Schritt erhoben wird und den Kontakt zum Boden verliert. Danach setzte Tim zwei weitere Rechtecke als Arme im oberen Bereich der Kreisform an, die den Leib darstellt. Die Arme zeichnete er vom Körper weit abstehend. Die Finger wurden als gerade vom Armende abstehende Striche dargestellt Wie Markus zählte auch Tim für jede Hand genau fünf Finger ab. Zum Schluss überlegte er, was an der Figur noch fehlen könnte. Ihm fielen die Haare ein, die er als gerade Striche am oberen Rand des Kopfes in die Höhe zeichnete. Tim hat die Figur in Frontalansicht dargestellt. Den Hinweis auf Bewegung gibt er durch die Nähe des linken Beins der Figur zur Bodenlinie und die größere Entfernung des rechten Beins zu derselben. Der von Tim gezeichnete Mensch befindet sich sozusagen in einer Schrittstellung, bei der das rechte Bein zum Schritt angehoben und damit vom Boden weiter entfernt dargestellt wird. Die weit vom Körper abgespreizten Arme unterstreichen die Darstellung von Bewegung. Hier wird das von CARELLO et al. bei Sehenden beobachtete Gestaltungsmoment einer bestimmten Orientierung auf einer Bodenlinie genutzt. Diese von Tim eingesetzte Gestaltung für den Ausdruck einer Laufbewegung wurde auch von Nat [Abb. 29] durchgeführt. Nat stellte die Bewegung zwar hauptsächlich durch die gebogenen Arm- und Beinlinien dar, nutzte aber zusätzlich eine bestimmte Orientierung der laufenden Beine auf einer Bodenlinie. Das linke Bein berührt die Bodenlinie, das rechte Bein holt zum Schritt aus und ist daher von der Bodenlinie weiter entfernt gezeichnet worden. Eine zusätzlich von diesem Bein ausgehende Bewegungslinie als grafisches Element unterstützt den Hinweis auf die Bewegung dieses Beins.

Zunächst hatten die blinden Versuchspersonen bei der Aufgabenstellung, einen laufenden Menschen zu zeichnen, etwas Ratlosigkeit gezeigt. Als ich ihnen sagte, dass sie überlegen sollten, was sich bei ihrem Körper verändert, wenn sie selbst laufen, gingen alle sofort daran, mit der Zeichnung zu beginnen. Tim probierte vor der Anfertigung seiner Zeichnung die Laufbewegung an sich selbst aus, indem er durch den Raum lief, um die Veränderungen an seinem Körper beobachten zu können. Bemerkenswert ist, dass er anschließend bei seiner Zeichnung mit der Verkürzung des sich im Schritt befindlichen Beines arbeitete, um die Laufbewegung seiner Figur zu zeigen. Diese Bewegungsdarstellung erfolgte in der reinen

Frontalansicht. Auch Markus hat seine laufende Figur frontal dargestellt. Die Mehrheit der blinden Versuchsteilnehmer, Richard, Stefanie und Maria, arbeiteten mit dem „altägyptischen“ Körperschema, bei dem der Oberkörper frontal, die laufenden Beine von der Seite gezeichnet wird. Die Darstellung in einer reinen Seitenansicht kam nicht vor. Wie auf S. 45 dieser Arbeit schon besprochen, stellen IVES & ROVET diese Form der Darstellung als typisches Schema eines laufenden Menschen in den Zeichnungen sehender Kinder und auch Erwachsener heraus. Auf das Gestaltungsmoment der vom Körper weit abgespreizten Arme griffen bis auf Stefanie alle blinden Versuchsteilnehmer zurück. MÜHLE erklärt, dass in einer einfacheren Entwicklungsstufe des Zeichnens von Sehenden auf diese Art der Darstellung eines laufenden Menschen häufig zurückgegriffen werde. Das Bedürfnis nach der Darstellung von Bewegung sei bereits in einem solchen Stadium[110] gegeben. Allerdings werde die zeichnerische Darstellung der körperlichen Bewegung dann oft nur auf bestimmte Glieder wie Arme und Beine angewandt. Diese Feststellung trifft auf alle Zeichnungen der blinden Teilnehmer meines Versuchs zu. MÜHLE bezeichnet die zeichnerische Darstellung der Bewegung eines Objekts als *„eigentümlich synthetische Leistung“*[111] die erst dann möglich werde, wenn die Formgestaltung der Figur so weit ausgereift sei, dass sie durch die Darstellung der Bewegung nicht mehr irritiert werden könne. Dieses Stadium werde bei Sehenden zumeist erst nach dem zehnten Lebensjahr erreicht. Erst ab dem Alter von 14 Jahren setzt MÜHLE die Fähigkeit an, neben der Biegung der Arme und Beine in einer reinen Profil- oder in einer Mischansicht auch Verkürzungen und Überschneidungen als Ausdrucksmittel für die Laufbewegung eines Menschen zu nutzen. Überschneidungen wurden von den blinden Zeichnern meines Versuchs tunlichst vermieden.

Die sehenden Kinder meiner Untersuchung haben zu 54% die laufende Menschenfigur in der reinen Seitenansicht dargestellt. Weiterhin zeichneten 41% die bewegten Beine im Profil und den Oberkörper frontal. Für eine reine Frontalansicht entschieden sich nur 5% der 22 Versuchsteilnehmer. Um Bewegung in der Zeichnung auszudrücken, griff die Hälfte der sehenden Kinder auf die Veränderung der Körperform zurück. Das Hinzufügen grafischer Elemente wie Bewegungslinien nutzten 27%. Das waren vor allem diejenigen, die den laufenden Menschen frontal

---

[110] Nach Mühle in der Regel vor dem zehnten Lebensjahr.

abgebildet hatten. Ein Hinweis auf Bewegung durch die Zeichnung eines bestimmten Kontextes, wie z.B. ein Transparent mit der Aufschrift „Ziel“ und die einfache Schrittstellung im Profil, wurde jeweils zu 9% benutzt. Nur 5% der Teilnehmer zeichnete eine veränderte Körperform wie z. B. gebogene Arme und Beine unter Hinzufügung grafischer Elemente wie Bewegungslinien oder Richtungspfeile. Auf einige Beispiele, die die eben beschriebenen Gestaltungsmomente der sehenden Versuchsteilnehmer aufgriffen, möchte ich nun näher eingehen.

KARL

Wie die meisten der blinden Versuchsteilnehmer nutzte auch Karl bei seiner Zeichnung eines laufenden Menschen eine Mischform der Ansichten [Abb. P].

Abb. P.

[111] Mühle, S. 79.

Der Oberkörper wurde frontal, die Beine im Profil dargestellt. Auffällig ist die extreme Biegung der Arme, die auf diese Weise enorm an Länge gewinnen. Die Beine hat Karl nicht gebogen, sondern in umgedreht V-förmiger Schrittstellung gezeichnet. Beide Füße berühren die als lange horizontale Linie angelegte Bodenlinie. Der hauptsächliche Ausdruck für Bewegung liegt in der extrem gebogenen Zeichnung der Arme.

DÉSIRÉE

Désirée hat die reine Seitenansicht für die zeichnerische Darstellung einer laufenden Menschen gewählt [Abb. Q]. Hier ist die Bewegung am deutlichsten in den gebogenen Beinen wiedergegeben. Die Arme unterstützen diese Bewegung durch die leichte Anwinkelung des zum Betrachter gedrehten Armes und den nach hinten geworfenen vom Körper halb verdeckten Arm.

Die Haltung der menschlichen Figur erinnert durch den annähernd kurvigen Schwung entfernt an die Gestaltungsweise von Richards Zeichnung eines laufenden Menschen [Abb. L].

Abb. Q.

TOBIAS

Bei Tobias' Zeichnung [Abb. R] kommt zur reinen Seitenansicht und dem in Schrittstellung angewinkelten Bein noch eine weitere Information über die Bewegung

Abb. R.

der Figur hinzu. Tobias fügte links hinter die laufende Figur grafische Elemente in Form von waagerechten Bewegungslinien hinzu. Diese Bewegungslinien symbolisieren vermutlich den Lufthauch, den der dargestellte laufende Mensch durch seine heftige Vorwärtsbewegung verursacht.

JOHANNES

Johannes zeichnete eine stilisierte menschliche Figur in Mischansicht [Abb. S].

Abb. S.

Die Beine werden im Profil, der Oberkörper frontal dargestellt. Johannes hat die Bewegung der Figur auf unterschiedlichste Weise charakterisiert. Zum einen hat er das rechte Bein der Figur stark angewinkelt und das linke nach hinten gebogen dargestellt. Zum anderen wurden der Figur an mehreren Stellen Bewegungslinien hinzugefügt. Außerdem stellte Johannes durch die Zeichnung einer Treppe und eines Treppengeländers einen Kontext dar, indem die menschliche Figur eine bestimmte Fortbewegungsmethode, nämlich das Treppensteigen, ausführen muss.

DANIEL

Daniel griff bei der Gestaltung des laufenden Menschen auf ein einfaches Strichmännchen zurück [Abb. T]. Interessant ist, dass er die Figur aber mit einer bestimmten Orientierung auf eine als waagerechter Strich angedeuteten Bodenlinie zeichnete. Die Bewegung wird dadurch signalisiert, dass Daniel das rechte Bein der Figur vom Boden weiter entfernt darstellte als das linke Bein, das fest auf dem Boden zu stehen scheint. Wie bei der Zeichnung von Tim [Abb. O] stellte Daniel die Bewegung ohne gebogene Arm- und Beinlinien sondern durch die Verkürzung eines

Abb. T.

der Beine, welches gerade im Begriff ist einen Schritt auszuführen, dar. Die Arme hat Daniel vom Körper abgespreizt dargestellt. Daniel fügte der Zeichnung allerdings auch grafische Elemente in Form von Punkten hinter das angehobene Bein hinzu. Diese Punkte weisen dadurch auf die heftige Laufbewegung der Figur hin, dass sie den durch das Laufen aufgewirbelten Staub ausdrücken sollen. Diese Art, durch Hinzufügung grafischer Elemente, um Bewegung darzustellen, findet sich auch in der Zeichnung des blinden Jim [Abb. 27].

PASCAL

Ebenfalls als einfache Strichmännchen-Zeichnung stellte Pascal seine laufende menschliche Figur dar [Abb. U]. Die Beine wurden in umgekehrt V-förmiger Schrittstellung und die Arme weit vom Körper abgespreizt gezeichnet.

Abb. U.

Pascal stellte die sich vollziehende Laufbewegung wie Tobias [Abb. R] durch das Hinzufügen grafischer Elemente in Form von links hinter der Figur waagerecht übereinander angeordneten Strichen als Bewegungslinien dar. Außerdem drückte Pascal die schnelle Laufbewegung der Figur durch die Darstellung eines bestimmten Kontextes aus. Dazu zeichnete er rechts neben die Darstellung eines laufenden Menschen ein Transparent mir der Aufschrift „Ziel". Hierdurch erhalten wir den Hinweis auf einen im Sportbereich einzuordnenden Kontext. Diesen Hinweis auf einen Kontext im Sportbereich findet sich auch in der Zeichnung eines laufenden Menschen des blinden Raf [Abb. 24].

Die blinden sowie sehenden Versuchsteilnehmer haben bei ihren Zeichnungen eines laufenden Menschen auf frappierend ähnliche Gestaltungsmomente zurückgegriffen. Für die meisten der blinden und sehenden Zeichner schien die Mischansicht oder auch die Seitenansicht die geeignetste Position für die Veranschaulichung der Laufbewegung einer menschlichen Figur zu sein. Es schien ihnen leichter zu fallen, die Zeichnung der laufenden Beine in dieser Form wiederzugeben. Es lässt sich deutlich erkennen, dass die Veränderung der Körperform, wie z.B. gebogene Linien für die Zeichnung der Arme oder Beine, für beide Parteien die übliche Art ist die Körperbewegung der Figur zu signalisieren.

4. Zeichnung „Kopfschmerz“

In diesem letzten Zeichenversuch soll die Fähigkeit zu bildmetaphorischem Ausdruck eines nicht sichtbaren Körperzustandes untersucht werden. Die zeichnerische Darstellung eines Körperzustandes wie z.B. Kopfschmerz fordert auch das Abstraktions-, Vorstellungs- und Zeichenvermögen Sehender. Den Versuch bei meinen blinden Versuchsteilnehmern wagte ich nur deshalb in dieser letzten Versuchsphase, weil die Ergebnisse der vorangegangenen Aufgaben überraschend gut gelungen waren. Bei den sehenden Kindern erwartete ich in dieser Versuchsphase vornehmlich ein Zurückgreifen auf solche Gestaltungsmerkmale, wie sie in den Bildern von Comics vorkommen. Hier werden körperliche Zustände wie Kopfschmerzen durch die Hinzufügung grafischer Elemente wie Wellenlinien, Spiralen, Blitze und Sternchen über dem Kopf ausgedrückt. Die Erfahrungen im Umgang mit Comics, so nahm ich an, würde ihnen die zeichnerische Darstellung von Kopfschmerzen erleichtern. Bei den blinden Schülern erwartete ich aus dem Mangel an Erfahrung mit solchen Bildern nicht von jedem ein Ergebnis zu erhalten. Tatsächlich herrschte bei ihnen nach der Verkündung des Themas ein erstauntes Innehalten. Markus erleichterte schließlich den übrigen Teilnehmern die Entwicklung einer Idee für diese Aufgabenstellung, indem er sich laut über seine Vorstellungen zu diesem Thema äußerte. Die sehenden Kinder reagierten allerdings auf das Thema mit dem gleichen erstaunten Innehalten wie die blinden Kinder. Keiner der beiden Parteien fiel die Gestaltung dieses Themas leichter als der anderen. Zunächst möchte ich wieder die Ideen und Zeichnungen der blinden Versuchsteilnehmer vorstellen.

MARKUS

Markus äußerte sich vor seiner Zeichnung [Abb. V] mit den Worten *„Ich zeichne einfach einen Kopf und darin eine Kugel oder einen Hammer.“* Für die Darstellung des Kopfes wählte er die einfache Kreisform. Hier zeigen sich wiederum wie bei seinen Würfelzeichnungen [Abb. A] und der Zeichnung des Kopfes bei dem laufenden Menschen [Abb. K] Schwierigkeiten, die Umrisslinie exakt zu schließen. Markus bat nach der Anfertigung des ersten Kopfes (von links) als Kreisumriss um einen Zirkel. Ihm schien die Kreisform nicht rund genug gelungen zu sein. Hilfsmittel wie Zirkel und Lineal sollten aber nicht zum Einsatz kommen. In diesen ersten „Kopf“ zeichnete er den zuvor verbal geäußerten Hammer. Den Hammer stellte er durch die kreuzförmige Anordnung zweier einfacher Linien dar. Dieser Hammer steht symbolisch für die „hämmernden„ Schmerzen im Kopf. Anschließend erfolgten zwei weitere, in einer Reihe am unteren Bildrand angeordnete, Kopfzeichnungen. Jede von ihnen gestaltete er mittels einer Umrisszeichnung in Kreisform. In das untere Drittel des mittleren Kreises zeichnete Markus einen Punkt, der eine Kugel darstellen soll. In den Kreis ganz rechts setzte er die Zeichnung einer kleineren Kreisform, deren Umriss wie die der großen Kreisform nach unten nicht geschlossen wurde. Der kleinere Kreis soll ebenfalls eine Kugel in einem Kopf darstellen. In diesen beiden Zeichnungen stellte Markus durch die Kugel symbolisch das Druckgefühl dar, das man bei Kopfschmerzen fühlen kann. Bei allen drei Zeichnungen griff Markus auf eine nach KENNEDYS Versuchsergebnissen proklamierte objektbezogene Darstellungsweise dieses Themas zurück, indem er den Kopf als Ort des Schmerzes darstellte. Seine drei Zeichnungen lassen sich nach KENNEDYS Klassifikationssystem in die objektbezogenen Abbildungen mit diagrammartiger Gestaltung einordnen. Markus griff bei der Darstellung von Schmerz auf die Zeichnungen grafischer Symbole wie der stilisierten Darstellung eines Hammers oder einer kleineren und einer größeren Kugel zurück. Der Hammer und die Kugeln wurden nicht so dargestellt, dass sie den Kopf direkt verletzen. Daher können sie nur als Symbole für den Schmerz interpretiert werden.

Abb. V

RICHARD

Richard wählte für die zeichnerische Darstellung des Themas 'Kopfschmerz' die Wiedergabe einer kompletten menschlichen Umrisszeichnung [Abb. W]. Den Körper gestaltete er wie den seines laufenden Menschen [Abb. L] durch das Zusammenfügen einzelner geometrischer Flächen. Den Kopf allerdings zeichnete er in Relation zum

Abb. W

übrigen Körper extrem groß. Hierdurch drückte er eine für die Zeichnung signifikante Bedeutung des Kopfes aus. Außerdem wird der Kopf durch die auffällige Gestaltung des Gesichtes betont. Der weit aufgerissen gezeichnete Mund und die am Kopf als gerade Striche markierten abstehenden Haare lenken das Hauptaugenmerk des Betrachters auf den Kopf der Figur. Die übrigen Merkmale des Gesichts, die zwei kleinen Punkte als Augen und die Nase, ein kurzer Strich am oberen Rand des Mundes, treten hinter dem großflächig angelegten Mund zurück. Wie Markus hat auch Richard Schwierigkeiten bei der Schließung des kreisförmigen Kopfumrisses. Den Hinweis auf den Schmerz lieferte Richard durch die Zeichnung eines in der Luft schwebenden Hammers links neben der Kopfzeichnung und durch die Sprechblase rechts neben derselben. Hierin schrieb er den Ausruf „AAH“ als Hinweis darauf, dass der von ihm gezeichnete Mensch vor Kopfschmerzen aufschreit. Der Hammer ist wie kurz vor dem Auftreffen auf den Kopf der Figur in geneigter Stellung zu diesem dargestellt worden. Hierdurch drückt sich eine direkte Verbindung von Hammer und Kopfzeichnung aus. Richards Zeichnung kann man daher in KENNEDYS

Klassifikationssystem als objektbezogen wörtliche Darstellung einordnen. Richard drückte das Thema 'Kopfschmerz' direkt am Objekt, d. h. durch die Zeichnung einer Figur mit einem auffällig gestalteten Kopf aus. Diese Figur erhält die Kopfschmerzen durch den Aufschlag eines Hammers auf ihren Kopf. Durch die Darstellung einer Sprechblase mit dem Ausruf „AAH“ als Ausdruck auf den von der Figur empfundenen Schmerz ließe sich die Zeichnung in die Gestaltungsweise objektbezogen diagrammartiger Abbildungen einordnen.

STEFANIE

Wie Markus griff auch Stefanie bei ihrer Zeichnung des Themas Kopfschmerz auf die Darstellung eines Kopfes als Kreis zurück [Abb. X].

Abb. X.

Es gelang ihr zwar die Kreisform zu schließen, aber sie fuhr mit der Umrisslinie über das Ende oben rechts weit in die Zeichenfläche hinein. Nachdem sie diesen Kreis fertiggestellt hatte, überlegte sie laut, wie man ein Messer zeichne. Von den andern kommen verschiedene Vorschläge, das Messer lang und dünn zu zeichnen. Stefanie setzte in die Mitte der oberen Kreislinie einen kräftigeren kurzen senkrechten Strich an, der nach oben aus der Kopfzeichnung aufragt. Daran zeichnete Stefanie nach unten in die Kreisfläche führend eine ebenfalls kurze aber etwas dünnere Linie. Auf diese Weise erhielt sie die Zeichnung eines Messers auf seine einfachste Form reduziert. Stefanie erklärte ihre Zeichnung so: *„Das ist ein Kopf in dem ein Messer steckt.“* Nach KENNEDYS Differenzierung der Gestaltungsmöglichkeiten, lässt sich Stefanies Zeichnung als eine objektbezogen wörtliche Darstellungsweise betrachten.

Das Messer steckt im Kopf und fügt ihm dadurch eine Verletzung zu, die ihrerseits die Kopfschmerzen auslöst. Das Messer wird hier nicht wie der Hammer und die Kugeln in Markus´ Zeichnung [Abb. V] als reines Symbol für den Schmerz verwendet.

MARIA

Erstaunlicher Weise stellte Maria das Thema 'Kopfschmerz' zeichnerisch auf die gleiche Weise wie Markus dar [Abb. Y].

Abb. Y.

Obwohl sie die Zeichnung von Markus vor der Anfertigung ihrer eigenen Zeichnung nicht ertasten konnte, lieferte Maria eine Zeichnung die Markus´ erster Kopfzeichnung von links [Abb. V] erstaunlich ähnlich sieht. Vermutlich wurde sie durch Markus´ verbale Äußerung seiner Ideen zur gleichen Gestaltungsweise dieser Thematik inspiriert. Sie zeichnete gleichfalls einen Kreisumriss für die Darstellung eines Kopfes. In die Kreisfläche hinein fügte sie dann die stilisierte Zeichnung eines Hammers. Die Schließung der Kreisfläche gelang ihr ohne Lücken und Überschneidungen. Die Zeichnung des Hammers ist zwar in der Grundgestaltung, d. h. im formalen Aufbau als T-förmig angelegte Linien der Hammerzeichnung von Markus auf den ersten Blick frappierend ähnlich. Jedoch zeigt sich eine, wenn auch nur geringfügig deutlichere, Differenzierung zwischen der einfachen T-form der Hammerzeichnung von Markus und der T-form von Marias Zeichnung eines

Hammers durch die am Querbalken links angesetzte leichte Krümmung dieser Linie. Dadurch näherte sich Maria einer realistischeren Reproduktion der Form eines Hammerkopfes. Auch hier wird wie in Markus′ Zeichnung die Darstellung eines Hammers als Symbol für Schmerzen genutzt. Der Kopf wurde ebenfalls als einziges Körperteil dargestellt. Dadurch hat Maria die Objektbezogenheit ihrer Zeichnung ausgedrückt. Wie Markus′ Zeichnung kann man Marias daher den objektbezogen diagrammartigen Abbildungsoptionen zuordnen.

TIM

Tims Zeichnung [Abb. Z] des Themas 'Kopfschmerz' sticht aufgrund der Darstellung eines bestimmten Kontextes aus allen Versuchsergebnissen der blinden Schüler heraus. Tim zeichnete zunächst eine lange horizontal angelegte Linie. Auf diese Bodenlinie platzierte er eine menschliche Figur in waagerechter Orientierung zu dieser. Dadurch intendierte Tim den Eindruck von einem auf dem Bett liegenden Menschen. Links neben die Darstellung des Bettes zeichnete Tim einen Nachttisch. Erstaunlicher Weise bemühte sich Tim bei der Wiedergabe der Möbelstücke anders als bei den Würfelzeichnungen [Abb. E] um eine perspektivische Darstellungsweise.

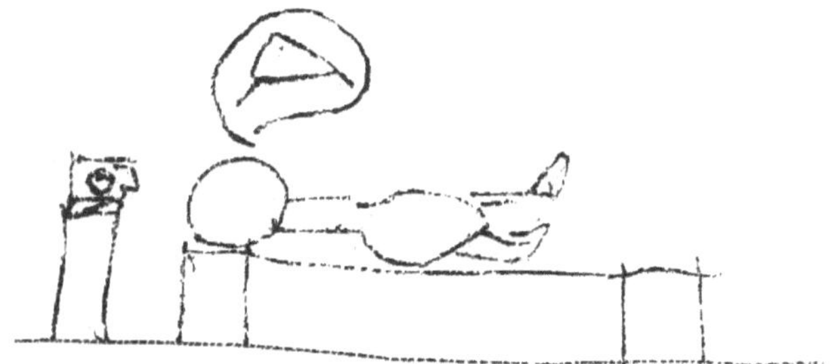

Abb. Z

Der Nachttisch erhielt eine rechteckige Grundform in aufrechter Stellung. Die Schublade wurde als schmales Rechteck durch eine horizontale Linie am oberen Rand der rechteckigen und zum Betrachter hin gerichteten Seitenfläche des Nachttischs abgetrennt. Ein darin schräg angelegter Strich stellt den Griff der Schublade dar. Die Ablagefläche zeichnete Tim als quadratische Fläche nach oben an die rechteckige Seitenfläche des Nachttischs. Die Schließung der Umrisslinie dieser quadratischen Fläche gelang ihm auf Anhieb nur mühsam. Die Ablagefläche wurde allerdings nicht in korrekter Perspektive wiedergegeben. Es fand keine Verkürzung der Seite nach hinten und keine schräg nach hinten verlaufende Zeichnung der Seitenlinien statt. Ersatzweise erscheint die Ablagefläche als Quadrat nach oben in die Zeichenfläche aufgeklappt zu sein. Hier findet sich ein Merkmal der Kinderzeichnung Sehender, nämlich das Phänomen der Klappbild-Zeichnung, auf das ich bereits im Kapitel „Perspektive“ eingegangen war. Auf der Ablagefläche ist ein Kreisumriss erkennbar, dessen Bedeutung sich leider nicht mehr erschließen lässt. Vermutlich handelt es sich um eine Schmerztablette oder ein Glas. Das Bett, auf dem die menschliche Figur liegt, hat Tim durch einen langen, zur Bodenlinie mit etwas Abstand nach oben parallel verlaufenden Strich und vier gerade vertikal von diesem nach unten bis zur Bodenlinie verlaufende Linien dargestellt. Je zwei dieser Linien befinden sich am oberen bzw. unteren Ende des Bettes mit wenig Abstand zueinander. Auch hier stellte sich bei Tim der Versuch einer perspektivischen Wiedergabe ein. Die hier von der Seite dargestellte Auflagefläche des Bettes präsentiert sich als einfache horizontal angelegte Linie. Es wurden bei der Zeichnung der Liegefläche keine nach hinten schräg verlaufenden Seitenlinien wiedergegeben. Dadurch erscheint die eigentliche Liegefläche in nicht korrekter wiedergegebener Perspektive. Dass es sich hierbei überhaupt um ein Möbelstück wie ein Bett handelt, signalisieren nur die vier Beine, die aus diesem Blickwinkel auf das Bett jedoch nicht so parallel und gleichmäßig wie in Tims Zeichnung sichtbar wären. Diese Art der Darstellung eines Bettes von der Seite erinnert in seiner Gestaltung des Blickwinkels an die Zeichnung eines Tisches von Hal [Abb. 16]. Auch hier wurde die Tischoberfläche nur als dünnes Rechteck wiedergegeben, an das alle vier Tischbeine sichtbar als senkrechte Striche angefügt wurden. Die auf dem Bett in Tims Zeichnung dargestellte menschliche Figur besteht wie die Zeichnung seines laufenden Menschen [Abb. O] aus der additiven Zusammenfügung einzelner Körperteile. Der Kopf wurde wiederum als Kreis und der Rumpf als Oval gezeichnet. Den Hals allerdings setzte Tim als rechteckige Fläche ohne Abgrenzungslinie zum Rumpf am Kopf an. Die

Beine wurden übereinander an den unteren Bereich der ovalen Leibzeichnung angebracht. Die Füße erscheinen hier in die Umrisslinie der Beine eingeschlossen. Es gelang Tim jedoch nicht die der Umrisslinie vollständig zu schließen. Obwohl die Figur von der Seite und liegend gezeichnet wurde, sind beide Beine sichtbar übereinander dargestellt worden. Die Zeichnung der Arme allerdings fehlt. Die liegende Figur drückt ihren Kopfschmerz durch einen, in einer Sprechblase dargestellten, Ausruf aus. Diese Sprechblase wurde als Kreisform, die zum Kopf der Figur nach unten nicht ganz geschlossen gezeichnet. Eine kleine Ausbuchtung des Kreisumrisses verweist auf den Kopf der Figur. In diese Sprechblase schrieb Tim den Buchstaben „A“ als Hinweis auf den Schmerzensschrei der liegenden Figur. Tim arbeitete bei seiner Darstellung des Themas ‘Kopfschmerz’ mit der Zeichnung eines bestimmten Kontextes. Die menschliche liegende Figur hat sich ins Bett gelegt, weil sie Kopfschmerzen hat. Dieser Sachverhalt wurde von Tim mittels der Sprechblase mit dem Ausruf „A“ betont. Aufgrund dieser Gestaltungsweise kann man solch eine Darstellung nach der Klassifikation von KENNEDY als kontext-bezogene bezeichnen. Der Kopfschmerz wurde nicht wie bei den übrigen blinden Zeichnern direkt durch die Hervorhebung des Kopfes als Objekt, in dem der Schmerz stattfindet, ausgedrückt, sondern durch die Darstellung eines Kontextes, in diesem Fall eines Bettes, in das sich eine Person gelegt hat, um ihre Kopfschmerzen zu kurieren. Dass es sich hierbei explizit um Kopfschmerzen handelt, wird allerdings nicht allein durch die Zeichnung des Menschen im Bett deutlich. Durch die Hinzufügung der Sprechblase mit dem Ausruf „A“, erhält der Betrachter lediglich den Hinweis auf irgendeinen Schmerz. Der im Bild geschilderte Zustand des Kopfschmerzes kann nach KENNEDYS Theorie in die Sparte der kontextbezogenen diagrammartigen Abbildungsmöglichkeiten eingeordnet werden.

Drei der blinden Versuchsteilnehmer, Markus, Richard und Maria griffen bei der zeichnerischen Darstellung von Kopfschmerzen auf eine objektbezogen diagramm-artige Wiedergabe zurück. Ebenfalls objektbezogen aber wörtlich arbeitete Stefanie. Als einziger stellte Tim seinen Hinweis auf Kopfschmerz in einem Kontext dar und gestaltete seine Zeichnung daher nach KENNEDY kontextbezogen und aufgrund der Verwendung einer Sprechblase als verstärkten Hinweis auf den Schmerz diagramm-artig. Keiner der blinden Versuchsteilnehmer verwendete nach KENNEDYS Klassifikation einen metaphorischen Ausdruck in Form von imaginären Linien z.B. als Ausstrahlung der Schmerzen oder ähnliches. Die 22 sehenden

Versuchsteilnehmer arbeiteten ebenfalls hauptsächlich objektbezogen. Es gab aber auch objektbezogene Zeichnungen mit Hinweisen auf den Kopfschmerz durch die Darstellung eines bestimmten Kontextes. Jedoch wurde beim objektbezogenen Ausdruck vor allem auf eine Mischung der diagrammartigen und metaphorischen Gestaltungsweise dieses Themas zurückgegriffen. Dies taten 31% der 22 sehenden Versuchsteilnehmer.

Von 26%, also ebenfalls sehr häufig, wurde eine objektbezogene und rein metaphorische Gestaltung des Themas gewählt. Gleichfalls objektbezogen waren 17% der Zeichnungen, die den Schmerz rein durch einen Gestus wie z.B. das Erheben der Hände an den Kopf verkörperten. Es traten auch Mischformen von Objekt- und Kontextbezug in 13% der 22 Zeichnungen auf. Hier wurde der eigentliche Kopfschmerz zwar hauptsächlich durch einen besonderen Hinweis auf die Darstellung eines Kopfes gestaltet, aber es finden sich hier durch die Zeichnung eines bestimmten Kontextes auch gleichzeitig Hinweise auf den Schmerz. Auf eine rein objektbezogen diagrammartige Abbildungsweise griffen bei den Sehenden allerdings nur 9% und auf eine objektbezogen wörtliche sogar nur 4% zurück. Die eben erwähnten Gestaltungsmomente der Thematik Kopfschmerz bei den Zeichnungen der Sehenden werde ich nun anhand ausgewählter Zeichnungen näher vorstellen.

DÉSIRÉE

Désirées Zeichnung zum Thema 'Kopfschmerz' ist ein Beispiel für die sehr häufig gewählte objektbezogen metaphorische und diagrammartige Abbildungsweise [Abb. Aa].

Abb. Aa.

Sie zeichnete zunächst einen ovalen Umriss als Kopf, in den sie die Zeichnung zweier Augen, einer Nase und eines Mundes fügte. Das Gesicht erhält durch die schräg gestellten Augenbrauen und den Mund mit nach unten gezogenen Mundwinkeln eine Mimik des Verdrusses, die durch den Kopfschmerz ausgelöst wurde. Auf eine Darstellung des übrigen Körpers verzichtete Désirée wie die meisten der blinden Versuchsteilnehmer, Markus [Abb. V], Stefanie [Abb. X] und Maria [Abb. Y]. Die Aufmerksamkeit richtete sich dadurch auch hier hauptsächlich auf eine Objektbezogenheit der Zeichnung. Den Schmerz dieses Kopfes drückte Désirée durch die Hinzufügung der diagrammartigen grafischen Elemente in Form von blitzartigen Pfeilen, die auf den Kopf herunter zu schießen scheinen, aus. Ein metaphorischer Hinweis auf den Schmerz im Kopf wurde durch die Wellenlinien gegeben, die die eigentliche aber unsichtbare Ausstrahlung der Schmerzaura über der Stirn des Kopfumrisses sichtbar machen. Die Zeichnung einer Packung Schmerztabletten mit der Aufschrift *„Aspirin Kopfschmerz Tapllete*[112]*“* unterstreicht die Anspielung der imaginären Linien über dem Kopf auf den Kopfschmerz.

PASCAL

Pascal hat das Thema 'Kopfschmerz' in eine objektbezogene Zeichnung mit Hinweisen auf den Schmerz durch die Darstellung eines bestimmten Kontextes umgesetzt [Abb. Ab].

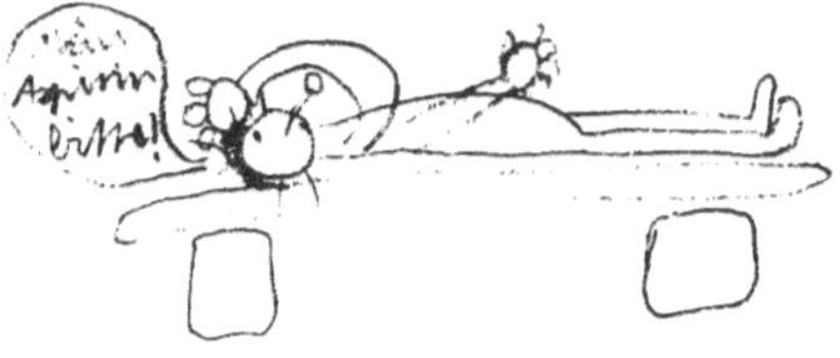

Abb. Ab.

[112] Originalzitat.

Wie Tim [Abb. Z] stellte Pascal einen Menschen im Bett liegend dar. Mensch und Bett zeichnete er von der Seite. Perspektivische Informationen ließ er außer Acht. Allerdings hat er nur zwei aus diesem Blickwinkel sichtbare Beine als zwei quadratische Flächen gezeichnet. Darauf „schwebt" eine schmale rechteckige Liegefläche, auf der die Figur ruht. Dem liegenden Menschen zeichnete Pascal die Beine nebeneinander, das hintere durch das vordere etwas verdeckt, und nicht wie Tim genau übereinander sichtbar. Jedoch zeigte Pascal einen Fehler beim Ansatz der beiden Arme. Der rechte sowie auch der linke Arm wurden von Pascal an die zum Betrachter gewandte Körperseite gleichzeitig angebracht. Dadurch entsteht eine Überschneidung des eigentlich linken Armes der Figur, mit dem sie sich an den Kopf fasst und der Umrisslinie des Bauches. Die Hände sind wie die Handzeichnungen in Markus´ Darstellung eines laufenden Menschen [Abb. K] und der menschlichen Figur des sehenden Kindes in Abb. 38 als Kreisflächen wiedergegeben. Um diese kreisrunden Handflächen zeichnete Pascal allerdings je fünf weitere Kreise für die Darstellung der Finger. Der Kopf wurde ebenfalls als Kreisform charakterisiert. Ein Punkt als Auge und ein Strich als Mund genügten Pascal für die stilisierte Wiedergabe eines Gesichts. Aus dem Mund ragt ein Fieberthermometer. Radial um die Kreisform des Kopfes ordnete er gerade Linien in der Form von Strahlen an. Hierdurch drückte Pascal metaphorisch die nicht sichtbaren vom Kopf ausstrahlenden Schmerzen aus. Aber auch eine Sprechblase über dem Kopf des liegenden Menschen mit dem Ausspruch „Eine Aspirin bitte" weist zusammen mit den strahlenförmigen Linien um den Kopf auf die Kopfschmerzen hin. Der durch das Bett angedeutete Kontext ruft in Verbindung mit dem Fieberthermometer eine Assoziation mit einer Krankheit, die mit Kopfschmerzen verbunden ist, hervor.

DANIEL

Für seine zeichnerische Umsetzung des Themas 'Kopfschmerz' wählte Daniel eine objektbezogen metaphorische Darstellungsweise [Abb. Ac]. Er zeichnete den Oberkörper einer menschlichen Figur bis zum Rumpf. Bauch und Hals bilden eine einheitlich geschlossene Fläche. Im oberen Drittel des Leibes setzte Daniel rechts und links die Arme als lang nach oben zum Kopf gebogene dünne Flächen an. Die Arme enden am Kopf links und rechts in je vier Bögen, die die Finger der nicht explizit ausgearbeiteten Hände darstellen sollen. Der Kopf sitzt als Kreisform auf dem vom

Leib gerade und lang aufragenden Hals. Das Gesicht besteht aus zwei Kreisen als weit aufgerissen wirkende Augen, einem birnenförmigen Umriss als Nase und einer nach unten gedrehten, halbmondartigen Form als Mund mit herabhängenden Mundwinkeln. Die Augenbrauen wurden als gezackte Linien über der Kreisform der Augen wiedergegeben. In der Stirnfläche erscheint eine gezackte Umrissform, in der sich Linien befinden, die an die zersprungene Oberfläche eines Gegenstands aus Keramik erinnern. Um den Kopf wurden gerade Linien radial angeordnet. Sie stehen für die metaphorische Andeutung der Schmerzen, die vom Kopf ausstrahlen.

Abb. Ac.

Die Aufmerksamkeit des Betrachters wird durch diese auffälligen Linien auf den Kopf gelenkt. Dieser wird schließlich dadurch als Ort des Schmerzes kenntlich gemacht. Ebenso leiten auch die henkelförmig zum Kopf führenden Arme zum Zentrum des Schmerzes hin. Die auffällig markierte Stelle in der Stirn verweist ebenfalls auf dieses.

STINE

Wie Désirée [Abb. Aa] fertigte auch Stine nur die Zeichnung eines Kopfes ohne weitere Körperdarstellung an [Abb. Ad].

Abb. Ad.

Das Gesicht mit zwei kleineren Kreisen, die jeweils aus einer oberen weißen und einer unteren schwarzen Hälfte bestehen, als Augen, einer L-Form als Nase und einen mit den Spitzen nach unten zeigenden halbmondartigen Mund wird von einer Kreisform als Kopfumriss umrahmt. Über der Stirnseite dieser Kopfzeichnung strebt ein blitzartiger Pfeil aus der rechten Bildhälfte auf die Stirn. Seltsamer Weise wiederholt sich dessen zackiger Verlauf in einer dicken Linie in der oberen Hälfte der Kreisfläche des Kopfes, so als ob dieser einen Sprung hätte und drohe an dieser Stelle auseinander zubrechen. Von der Oberseite des Kopfes aus zeichnete Stine einzelne gerade aufragende Linien und kleinere Strichelungen. Diese stehen für die vom Schmerz gesträubten Haare. Stine drückte den Kopfschmerz zunächst einmal durch die objektbezogene Zeichnung des Kopfes und die diagrammartige Darstellung des Schmerzes mit Hilfe eines blitzartigen Pfeiles, der sich auf der Kopfoberfläche befindet, aus. Unterstützt wird dieser Eindruck auch durch die weinenden Augen und den Mund mit den herabhängenden Mundwinkeln.

OLIVER

Für eine objektbezogen wörtliche Darstellung entschied sich bei den 22 sehenden Zeichnern nur Oliver [Abb. Ae]. Er zeichnete eine menschliche Figur mit martialischem Gesichtsausdruck. Sie ist breitbeinig, mit breiten Schultern und hängenden Armen aber ohne Hände gestaltet worden. Der Aufbau der gesamten Figur besteht wie bei allen Zeichnern aus in sich abgeschlossenen Teilen. Die Beine trennt ein waagerechter Strich vom kastenförmig gezeichneten Leib. Die breitschultrig angesetzten Arme wurden als schlauchförmige Flächen nach unten gebogen dargestellt. Zwei schräg nach oben zusammenlaufende Linien markieren den Hals. Oliver hat darauf eine Kreisform als Kopf gezeichnet. Das Gesicht der Figur besteht aus einem breiten Mund mit herabgezogenen Mundwinkeln. Darüber erscheint die Nase als dreieckig geschlossene Form. Die Augen wurden von Oliver als Kreise mit jeweils einem dünneren Kreis und einem Punkt im Innern als Pupille wiedergegeben. Die Augen selbst werden von einer Art Nickelbrille umrahmt. Den Umriss des Kopfes zeichnete Oliver eingedellt. Hier wurde die Figur offensichtlich von dem über dem Kopf schwebenden Beil getroffen und verletzt. Die Haare stehen der Figur vom Schmerz zu Berge. Sie wurden von Oliver als rings von der Kreisform des Kopfes kurze abstehende Striche markiert. Von der Delle im Kopf aus zieht sich ein dünnerer Strich über Stirn und Nase bis zum Mund. Der ganze Kopf ist durch den Beilhieb zerschmettert worden. Über die Delle hat Oliver nach außen auseinanderlaufende dünne Linien gezeichnet. Die Aufmerksamkeit des Betrachters soll hierdurch auf die Verletzung des Kopfes gelenkt werden. Aufmerksamkeit zieht auch die Klinge des Beils auf sich, da Oliver die blitzende Schärfe der Klinge durch einen stilisierten Stern rechts am unteren Ende der Beil-Zeichnung andeutete. Der Kopfschmerz wurde hier objektbezogen, d.h. durch eine Betonung der Kopfzeichnung und eine wörtliche Bezeichnung des Schmerzes durch die Darstellung einer Verletzung gestaltet. Diese Art der Themengestaltung erinnert in ihrer Idee an die von Stefanie [Abb. X] mit der Darstellung des im Kopf steckenden Messers. Die bedrohliche Wirkung von Olivers Darstellung wird durch die Zeichnung innerhalb der Denkblase der Figur unterstrichen. Hier wurde die Darstellung eines Galgens mit einem Strick eingefügt. Vermutlich sinnt der am Kopf Verletzte auf Rache.

Abb. Ae.

KARL

Zu den 17% bei den Sehenden rein durch eine Geste dargestellten Zeichnungen des Themas 'Kopfschmerz' gehört auch Karls Darstellung eines großflächig angelegten Kopfes [Abb. Af]. Diesen zeichnete Karl wie alle 22 sehenden und alle fünf blinden Versuchsteilnehmer mittels eines kreisförmigen Umrisses. Jedoch wurde dieser Umriss durch die Darstellung einer großen Hand über der Stirn des Kopfes unterbrochen und dort weitergeführt, wo der Umriss der Hand endet. Es gibt daher keine Überschneidungen von Hand- und Kopfumrisslinie. Vom übrigen Körper stellte Karl nur den Halsansatz als zwei am unteren Kopfende angesetzte und nach außen gebogene Linien dar. Das Gesicht gestaltete er zwar mit lachendem Mund, d.h. mit leicht nach oben gebogenen Mundwinkeln, aber mit „bebenden“ Lippen. Dieser

Abb. Af.

Eindruck ergibt sich durch die wellenförmig gestalteten Umrisslinien der Lippen. Die Nase wurde von Karl als langgezogenes seitenverkehrtes J wiedergegeben. Die Augen bildete er aus ovalen Flächen in deren Mitte er je einen ausgemalten kleineren Kreis als Pupillen einfügte. Die Haare der Figur werden als Schraffuren links und rechts unter der Handzeichnung sichtbar. Die „Haarschraffierungen“ überdecken einen Teil des Zeigefingers der Hand. Der Kopfschmerz wurde hier mit der Zeichnung einer reinen Geste durch die auf die Stirn des Kopfes aufgelegte Hand dargestellt. Die Hand kennzeichnet somit den Ort des Schmerzes. Karl stellte den Schmerz jedoch nicht wie die meisten seiner Klassenkameraden durch das Hinzufügen grafischer Elemente wie Linien für die Bezeichnung der Schmerzaura oder strahlenförmige Linien als Symbol für das Ausstrahlen des Schmerzes dar.

Auffallend bei den Zeichnungen der Sehenden ist die Tatsache, dass sich die meisten von ihnen bei der Darstellung des abstrakten Themas 'Kopfschmerz' mit der Hinzufügung grafischer Elemente wie Linien, Blitzen und Pfeilen über dem Kopf behelfen, um den Ort des Schmerzes zu kennzeichnen. KENNEDYS Differenzierung zwischen diagrammartiger und metaphorischer Verwendung dieser Elemente ist meiner Meinung nach bei der Betrachtung dieser Ergebnisse überflüssig. Das diagrammartige Element des pfeilförmigen Blitzes in Stines Zeichnung [Abb. Ad] sehe ich ebenfalls als bildmetaphorischen Ausdruck für den im Kopf befindlichen Schmerz. Auch dieses diagrammartige Element wurde schließlich als, wie es KENNEDY ausdrückt, „unrealistische“ oder „imaginäre“ Kennzeichnung des Schmerzes benutzt. Häufig wurden bei den sehenden Versuchspersonen sowieso beide Elemente, Linien und diagrammartige Zeichen, nebeneinander zur Charakterisierung des Schmerzbereichs verwendet.

VI. VERSUCHSAUSWERTUNG

Betrachtet man die Zeichnungen Blinder und Sehender in dieser Studie nebeneinander, so fällt auf, dass eine Reihe gleicher Zeichenschemata und ähnlicher Ideen bei beiden Gruppen auftreten. Jedoch zeigten sich bei allen blinden Zeichnern meines Versuchs Schwierigkeiten eine Umrisslinie lückenlos zu schließen.

Der erste Abschnitt des Versuchs, die perspektivischen Merkmale eines auf zweidimensionaler Ebene gezeichneten Würfels darzustellen, zeigte, dass die blinden Versuchsteilnehmer damit offensichtlich überfordert waren. Keiner von ihnen machte auch nur den Versuch einer perspektivischen Darstellungsweise von einem bestimmten Blickwinkel aus. Man kann dieses Verhalten auch dadurch erklären, dass dies die Auswirkungen der neuen und unbekannten Situation, mit mir als fremder Person und dem eher ungewohnten Zeichenvorgang waren. Man gewinnt bei den ersten zeichnerischen Äußerungen der Blinden in diesem Versuch den Eindruck, dass die Grundform des Würfels, das Quadrat, auch wenn es zumeist zu einem Rechteck expandiert wurde, für die Darstellung eines Würfels ausreiche. Die blinden Schüler äußerten zwar verbal ihr Wissen über die Merkmale eines Würfels, indem sie sagten, dass er aus sechs gleich großen Seiten besteht. Dieses Wissen ließen sie allerdings nicht in ihre Zeichnungen einfließen. Das Gegenstandswissen ist zwar offensichtlich vorhanden, die Umsetzung dieses Wissens in eine korrekte Zeichnung scheiterte hier vermutlich am Mangel an Abbildungswissen. Dieses Verhalten ist auch bei im Zeichnen ungeübten Sehenden zu beobachten. Das Abbildungswissen entwickelt sich erst durch die zeichnerische Übung, die den blinden Versuchsteilnehmern hier ganz gewiß noch fehlt. Der einzige blinde Versuchsteilnehmer, der über eine größere Zeichenerfahrung verfügte, da er zu Hause öfter zeichnet, war Tim. Seine Zeichnungen zeigten, dass vermehrte zeichnerische Übung das Abbildungswissen verbessern kann. In seiner Zeichnung eines bestimmten Kontexts durch die Darstellung von Möbelstücken [Abb. Z], zeigte er den Versuch, die Möbel in einer perspektivischen Orientierung im Raum darzustellen. Dabei unterlief ihm zwar eine fehlerhafte Perspektivendarstellung, wie sie in den Zeichnungen sehender Kinder im Alter von ca. 7-9 Jahren auftreten kann, aber er zeigte, dass die Absicht, perspektivische Informationen darzustellen, vorhanden ist, obwohl er zuvor seine Würfel auch nur als einfache quadratische oder rechteckige Flächen gestaltet hatte. Die Zeichnungen der blinden Versuchsteilnehmer zeigen ein Stadium der zeichnerischen Entwicklung, in dem nicht das Gegenstandswissen sondern die Malschemata bestimmen, was gezeichnet wird. In dieser ersten Zeichenaufgabe wurde auf das einfachste Merkmal des Würfels als Zeichenschema zurückgegriffen, d.h. auf die Zeichnung einer mehr oder minder quadratischen Fläche einer Seite des Würfels. Dieses zeichnerische Verhalten lässt sich ebenfalls in den Zeichnungen sehender Kinder nachweisen.[113] Die Blinden in KENNEDYS Versuchen zeigten, dass sie zwar ebenfalls die Perspektive in den verschiedenförmigen Block- Würfel-, Tisch- und Schachtelzeichnungen [Abb. 10, 11, 14 ,15, 16, 17, 18, 19, 20, 22] fehlerhaft darstellten, aber unter einer Reihe von perspektivischen Zeichnungen als Vorgabe zum Tasten die Zeichnung mit der korrekten Wiedergabe der Perspektive herausfinden konnten.[114] Dieses Phänomen zeigt, dass auch Blinde dazu in der Lage sind, perspektivische Merkmale in einer Zeichnung richtig einzuschätzen und verstehen zu können. Unter diesen Voraussetzungen ließe sich durch Übung sicherlich die Fähigkeit zum perspektivischen Zeichnen auch bei Blinden steigern. Immerhin lieferten bei der Würfelzeichnung 9%[115] der 22 sehenden Versuchsteilnehmer ein Ergebnis wie das der Blinden ab. Die Zeichnung eines Würfels in korrekter perspektivischer Wiedergabe gelang nur der Hälfte obwohl sie im Unterricht bereits mehrfach Würfel gezeichnet hatten. 41% zeichneten eine fehlerhafte Perspektive. Auch Sehende, die im Zeichnen noch ungeübt sind, greifen entweder auf einfachste Schemata wie die Zeichnung einer einfachen quadratischen Fläche als Würfeldarstellung zurück [Abb. F und G] oder sie stellen den Würfel mit in die Zeichenfläche aufgeklappten Seiten dar [Abb. H]. Wie die blinden konnten auch alle sehenden Versuchspersonen die Merkmale eines Würfels verbal korrekt erklären, sie jedoch nicht immer zeichnerisch optimal darstellen.

Auch bei der Darstellung eines laufenden Menschen griffen die Blinden in KENNEDYS und meinem Versuch auf ein bestimmtes Schema der Zeichnung einer menschlichen Figur zurück, das sich zumeist genau so in den Zeichnungen der Sehenden manifestiert. Bei beiden Parteien in meinem Versuch wurde der Kopf der menschlichen Figur in jedem Fall als Kreisumriss wiedergegeben. Häufig wurden bei beiden Parteien die übrigen Körperteile aus verschiedenen geometrischen und in

[113] Siehe Abb. 21a , S. 38.
[114] Siehe S. 25 ff.
[115] Siehe Abb. 37.

sich geschlossenen Flächen additiv zusammengefügt. Die Zeichnung der Arme und Beine als dünne Linien fand sich ebenfalls häufig bei Blinden so wie bei Sehenden. MILLAR (1975) beobachtete in einem Versuch, in dem blinde und sehende Kinder Menschen zeichnen sollten, dass die blinden Kinder von sechs bis zehn Jahren große Schwierigkeiten hatten, die einzelnen Körperglieder richtig aneinander zu fügen. Die Blinden über zehn Jahre allerdings zeichneten in ihrem Versuch den Körperaufbau zusammenhängend und mit der gleichen Anzahl der Körperteile wie die Sehenden. MILLAR erklärt, dass die Blinden in diesem Stadium der zeichnerischen Entwicklung auf die gleiche stereotype Darstellungsweise, eine menschliche Figur zu zeichnen, wie Sehende zurückgriffen. Dieses Phänomen zeige, so MILLAR, dass die Kinderzeichnung einer menschlichen Figur auch bei Sehenden nicht allein vom visuellen Eindruck, sondern vielmehr vom Wissen um die Übertragung dieser einzelnen Körperteile in eine einfache zeichnerische Form und deren Relation zueinander abhänge. Die Blinden in meinem Versuch waren alle über das Alter von zehn Jahren hinaus und hatten auch keine Schwierigkeiten mit der Zusammenfügung der einzelnen Körperteile zueinander. Schwierigkeiten traten eher beim korrekten Schließen der Umrisszeichnung auf.

Um die Laufbewegung einer menschlichen Figur zeichnerisch ausdrücken zu können, stellten drei der fünf blinden Schüler die Figur in einer Mischansicht dar. Die Beine die durch das Laufen bewegt werden, wurden hier von der Seite, die Oberkörper von vorne dargestellt. Wie auf S. 45 bereits besprochen, zeigt sich hier die von IVES & ROVET in den Kinderzeichnungen Sehender nachgewiesene Tendenz, laufende Menschen in einer solchen Mischform der Ansichten darzustellen. Auch KENNEDY konnte in seinen Zeichenexperimenten mit Blinden diese Art der Darstellungsweise als typische Gestaltungsweise einer laufenden menschlichen Figur feststellen. Diese Ergebnisse konnten durch die meinen wiederum bestätigt werden. Auch 41%[116] der Sehenden in meinem Versuch arbeiteten nach dieser Methode. Die Mehrheit, also 54% aber wählten die reine Seitenansicht für die Darstellung der Laufbewegung. IVES & ROVET beschreiben diese Orientierung zusammen mit der Mischform der Ansichten der laufenden menschlichen Figur ebenfalls als typische Pose für die zeichnerische Darstellung eines laufenden Menschen. Die frontale Abbildung werde, so IVES & ROVET, eher für die Zeichnung eines stehenden

[116] Siehe Abb. 39.

Menschen ergriffen. In meinem Versuch mit den blinden Schülern jedoch zeichneten zwei Teilnehmer die laufende menschliche Figur in Frontalansicht. Um die Bewegung trotzdem darin auszudrücken, wurden einmal die Beine weit nach außen gebogen gezeichnet [Abb. K]. Ein anderes Mal ist die Bewegung durch ein von der Bodenlinie weiter entfernt gezeichnetes Bein, das sich in Schrittstellung befindet, dargestellt worden [Abb. O]. Hinweise auf die Bewegung in Form von Bewegungslinien oder anderen grafischen Elementen kamen in den Zeichnungen der Blinden meines Versuchs nicht vor. Auch die bei KENNEDYS blinden Versuchspersonen aufgetretenen Zeichnungen eines bestimmten Kontextes, der auf eine Bewegung der Figur schließen ließe, trat in meinem Versuch nicht auf. Nur bei 5% der 22 Sehenden wurde die Laufbewegung durch die Frontalansicht der Figur gezeigt. Hier jedoch fügten die Zeichner der Figur grafische Elemente wie Bewegungslinien oder Pfeile, die in Laufrichtung zeigen, hinzu. Dieses Gestaltungsmoment nutzten 27%[117] der Sehenden. 50% entschieden sich jedoch für die Veränderung der Körperform wie z.B. die gebogene Darstellung der Arme und Beine in der Seitenansicht oder in der Mischansicht. Meistens wurde aber auch hier nicht auf das Hinzufügen grafischer Elemente verzichtet. Der zeichnerische Ausdruck von Bewegung mittels Bewegungslinien oder diagrammartiger Zeichen wie Pfeile erscheint bei den Sehenden als gängiges Gestaltungsmittel für die Darstellung von Bewegung in einer statischen Zeichnung. Die Beliebtheit eines solchen Gestaltungsmoments bei den Sehenden lässt sich durch die Vertrautheit im Umgang mit der Bildersprache in Comics erklären. Häufig werden solche Abbildungsschemata in den Zeichnungen von Jugendlichen nachgeahmt. Dies bestätigt sich auch dadurch, dass die Blinden meines Versuchs keinerlei Bewegungslinien zeichneten. Sie haben keine Erfahrungen mit der Bildersprache der Comics machen können. Vergleicht man nun die Hauptgestaltungsmerkmale, die KENNEDY bei den Zeichnungen laufender Figuren von Blinden heraus gearbeitet hat (S. 38), mit denen die CARELLO et al. bei Sehenden beobachten konnten (S. 44), so fällt auf, dass hier wie auch in meinem Versuch Blinde eine Laufbewegung hauptsächlich durch die Veränderung der Form bestimmter Körperteile, wie die von Armen und Beinen, ausdrückten. Sehende hingegen zogen es vor, ihrer Zeichnung grafische Elemente hinzuzufügen. KENNEDYS blinde Versuchsteilnehmer haben allerdings die Bewegung auch durch einen bestimmten Kontext oder grafische

[117] Siehe Abb. 40.

Elemente gekennzeichnet. Hingegen konnte er nicht die von CARELLO et al. bei Sehenden beobachtete Darstellung von mehreren Stufen eines Bewegungsablaufes beobachten. Diese Eigenart der Bewegungsdarstellung ist vom visuellen Eindruck abhängig. KENNEDY konnte auch nicht die von CARELLO et al. beschriebene Zeichnung einer Figur in geneigter Haltung bei seinen blinden Zeichnern beobachten. In der Zeichnung einer laufenden Figur von Maria [Abb. N] allerdings wird eine leichte Neigung dieser Figur in Laufrichtung erkennbar. CARELLO et al. verzeichneten bei Sehenden, dass sie ihre laufende Figur in einer bestimmten Orientierung auf einer Bodenlinie darstellten. KENNEDY macht in den Zeichnungen seiner blinden Versuchsteilnehmer auch eine solche Beobachtung. Der früh erblindeten Nat [Abb. 29] stellte seine laufende Figur ebenfalls auf einer Bodenlinie dar. Das zum Schritt erhobene Bein wurde von ihm weiter von der Bodenlinie entfernt als das Standbein gezeichnet. Ebenso verfuhr Tim [Abb. O] in der zeichnerischen Darstellung eines laufenden Menschen.

Blinde und Sehende weisen die gleichen bildnerischen Mittel auf, um die Bewegung einer laufenden Figur darzustellen. Sogar die Gestaltung der menschlichen Figuren an sich geht bei Blinden mit der Verwendung derselben Schemata wie bei Sehenden vonstatten. Jedoch zeigen sich enorme Unterschiede bei der Benutzung von grafischen Elementen, die den Bewegungsausdruck unterstützen. Auf dieses Gestaltungsmoment greifen vornehmlich sehende Zeichner zurück, da ihnen diese Elemente aus den Comics und Bildgeschichten vertraut sind.

Auch im Versuch zum bildhaften Vorstellungs- und Zeichenvermögen durch die Zeichnung des Themas 'Kopfschmerz', zeigten die blinden Schüler in meinem Versuch, dass sie durchaus dazu fähig sind, ein abstraktes Thema durch einfache Umrisszeichnungen zu bewältigen. Manche ihrer bildhaften Umsetzungen des Themas ähnelten in ihrer Idee auf erstaunliche Weise denen der sehenden Schüler. Stefanies objektbezogen wörtliche Zeichnung eines Kopfes, in dem ein Messer steckt [Abb. X], ähnelt in der Idee deutlich der Zeichnung von Oliver [Abb. Ae], dessen Menschenzeichnung eine Delle durch einen Beilhieb im Kopf trägt. Auch Richard′ Zeichnung mit dem Thema 'Kopfschmerz' [Abb. W] wurde mit dem drohenden Hammerschlag auf den Kopf der Figur auf solch objektbezogen wörtliche Weise gestaltet. Den Hammer als diagrammartiges Symbol für den Schmerz verwendeten zwei der blinden Zeichner meines Versuchs, Markus [Abb. V] und Maria

[Abb. Y]. Ihre Zeichnungen drücken den Kopfschmerz mittels einer objektbezogen diagrammartigen Darstellungsweise aus. Nur eine kontextbezogene Darstellung des Themas wurde von Tim [Abb. Z] angefertigt. Da ich bei der Klassifikation der einzelnen Bilder nach dem System von KENNEDY vorging, konnte ich keine der Zeichnungen meiner blinden Versuchsteilnehmer zu den metaphorischen Abbildungen zählen, da keiner von ihnen imaginäre Linien um die Kopfzeichnung als Kennzeichnung einer Schmerzaura darstellte. Ich möchte deshalb KENNEDYS Klassifikationssystem widersprechen und die Zeichnungen von Markus [Abb. V] und Maria [Abb. Y] als metaphorisch bezeichnen. Sie stellten einen Hammer bzw. Kugeln als Symbole für den Schmerz, d.h. als nicht real agierende Gegenstände dar. Dadurch drückten sie meiner Meinung nach ebenfalls das Thema 'Kopfschmerz' auf einer bildmetaphorischen Ebene aus. Auch bei dieser Thematik zeigt sich, dass Sehende, ebenfalls wie bei der Darstellung von Bewegung, hauptsächlich auf die Hinzufügung von grafischen Elementen zur Gegenstandszeichnung zurückgriffen. Diese Bildersprache ist ihnen wiederum aus den Comics und Bildgeschichten bekannt. Jedoch kommen auch 34%[118] [Abb. 41] der Sehenden ohne das Hinzufügen grafischer Elemente aus. 66% nutzten das Hinzufügen von grafischen Elementen wie Diagrammen und Wellenlinien. KENNEDY folgert aus seinen Ergebnissen, dass hauptsächlich Geburtsblinde auf objektbezogen diagrammartige Darstellungen zurückgriffen. Dieses Ergebnis konnte ich durch meine Untersuchungen nicht bestätigen. Bis auf Richard waren alle meine Versuchsteilnehmer geburtsblind. Jedoch traten bei ihren Zeichnungen zwei Fälle auf, in denen Sprechblasen in die Zeichnungen eingearbeitet waren. Hier verbalisierten die Zeichner Richard [Abb. W] und Tim [Abb. Z] einen Ausruf des Schmerzes durch Äußerungen wie „Aah" und „A". Aufgrund der Verwendung solcher Sprechblasen könnte man diese Zeichnungen noch zusätzlich zu den diagrammartigen Abbildungen zählen. Die Sehenden zeichneten zur Bekräftigung des Ausdrucks von Kopfschmerzen 14 mal Sprech- und Denkblasen ebenfalls mit Äußerungen wie „AAH" oder „Ich habe Kopfschmerzen". Diese hohe Anzahl der Verwendung von Sprech- und Denkblasen ergibt sich offensichtlich auch wie die Präferenz der Verwendung von Bewegungslinien oder Diagrammen durch den Comic-Konsum. Dass Richard [Abb. W] eine Sprechblase gezeichnet hat, kann daran liegen, dass er auf einige visuelle Erfahrungen

[118] Dieses Ergebnis errechnet sich durch die Addition des prozentualen Anteils der wörtlichen Darstellungen, der objektbezogenen Darstellungen mit Hinweisen im Kontext und der Darstellungen mit reiner Gestik.

zurückgreifen kann. Er hatte sogar einmal eine Regelschule besucht, in der er sicherlich auch mit Bildgeschichten in Berührung gekommen war. Tim hat als am Zeichnen Interessierter diese Gestaltungsweise [Abb. Z] vermutlich von ihm übernommen. Aber auch die anderen blinden Versuchsteilnehmer zeigten ein großes gegenseitiges Interesse an ihren Zeichnungen. Als ich mich erfreut über die große Zeichnung des laufenden Menschen von Markus [Abb. K] freute, wollten alle anderen blinden Teilnehmer diese Zeichnung „betrachten". Interessant war hier die Tatsache, dass es möglich war, dass ein Blinder die Zeichnung eines anderen Blinden mit ein klein wenig Hilfe entziffern konnte. Ich hatte Richard' Zeichnung zum Thema 'Kopfschmerz' [Abb. W] Maria zum Betrachten gegeben. Sie erkannte alle Gegenstände der Zeichnung bis auf den Umriss des weit aufgerissen gezeichneten Mundes mühelos. Diese Art der Munddarstellung passte nicht in ihr Schema. Als sie den Hammer ertastete, rief sie erstaunt aus: *„Der ist aber besser als meiner gezeichnet"*. Diese Reaktion werte ich als Hinweis darauf, dass es durchaus sinnvoll sein kann, Blinde die Bilder anderer Blinder „betrachten" zu lassen.

Ich möchte nun noch auf die Orientierung der Blinden und Sehenden auf dem Zeichenblatt eingehen. Aufgefallen ist mir bei den blinden Versuchsteilnehmern, dass sie großformatig arbeiteten, d.h. die Blattgröße eher ausnutzten. Die Sehenden dagegen haben ihre Figuren um vieles kleiner dargestellt. Wie die Blinden ordneten sie dann die Figur auf der Blattseite eher in der Mitte oder in der Mitte des unteren Drittels an. Häufig setzten Blinde wie Sehende die Figur auch etwas links von der Mitte an. Diese Orientierung ergibt sich offensichtlich aus der gewohnten Lese- und Schreibrichtung. Für die blinden Zeichner ist das großformatige Zeichnen etwas einfacher, da die kleineren Details hier leichter eingefügt und mit den Fingern besser kontrolliert werden können. Interessant war die Beobachtung, dass Tim [Abb. O u. Z] eine Bodenlinie zeichnete, bevor er die eigentliche Figur anfertigte. Das tue er meistens, so erklärte er dieses Verhalten, um sich auf dem Blatt besser orientieren zu können. Auch sehende Kinder verwenden häufig die Zeichnung eines einfachen horizontalen Strichs als Bodenlinie. Darauf werden anschließend die Figuren platziert [Abb. P, R, T, U]. Eine kurze Diskussion über das Zeichnen im Anschluss an den Versuch zeigte, dass diese Technik für Blinde durchaus sinnvoll genutzt werden kann. Als den Versuchsteilnehmern verkündet wurde, dass in der zweiten Kunststunde am Tonprojekt weitergearbeitet werden sollte, waren alle blinden Schüler eher auf das Zeichnen eingestellt. Gefragt, warum sie das lieber tun wollten, erklärten sie, dass das Zeichnen mehr Spaß mache, als das Arbeiten mit Ton. Man könne sich durch das Zeichnen ohne größeren Aufwand und daher spontaner ausdrücken. Das Arbeiten mit Ton erfordere viel technischen Aufwand. Tim benennt das Zeichnen als *„schöne Sache"*. Er zeichne immer dann, um sich auf eine schwierige Hausaufgabe oder einen Aufsatz besser konzentrieren zu können. Manchmal helfe ihm das Zeichnen, die Gedanken besser ordnen zu können. Die Zeichnungen werfe er allerdings später weg. Es kommt die Frage auf, welchen Sinn die Zeichnung nach der Anfertigung dann eigentlich noch habe. Es sei vor allem die Freude an der Bewegung, am Hinterlassen einer Spur, so äußerte sich einer der blinden Versuchsteilnehmer. Es kamen auch Äußerungen wie: *„Das Zeichnen macht Spaß, es regt die Phantasie an."* Man könne seine Empfindungen dadurch ganz spontan äußern. Der ästhetische Genuss am Bild scheint hinterher jedoch nicht mehr so wichtig zu sein, wenn man bedenkt, dass Tim seine Zeichnungen später wegwirft. Ich vermute, dass es daran liegt, dass man dem Zeichnen bei Blinden noch keinen so großen Stellenwert beimisst, wie das bei Sehenden der Fall ist. Schon im Kleinkindalter wird Sehenden der Umgang mit Stiften selbstverständlich ermöglicht. Das Kind erhält Anerkennung durch die lobende Aufmerksamkeit, die seinen Zeichnungen entgegengebracht wird. Man sollte versuchen, dieses Verhalten auch in die Erziehung Blinder mit einzubeziehen. Dass es sich lohnen würde, zeigen die zeichnerischen Ergebnisse der blinden Versuchspersonen bei KENNEDY und bei mir. Sie ähneln auf frappierende Weise in Aufbau und Gestaltung den Zeichnungen Sehender. Es zeigt sich, dass Blinde trotz geringer Zeichenerfahrung ähnliche zeichnerische Phänomene schaffen, wie sie bei Sehenden, die ungeübt im Zeichnen sind, auftreten. Dies ist ein Hinweis darauf, dass Blinde ihr Zeichentalent auch durch Übung verbessern könnten. Tims Zeichnungen veranschaulichen auf beeindruckende Weise, dass Übung im Umgang mit dem Zeichnen die zeichnerischen Ausdrucksmöglichkeiten verbessern kann. Tim zeichnete von allen anderen blinden Teilnehmern am detailliertesten und sichersten. Die auffallend ähnlichen Ergebnisse der Zeichnungen der blinden und sehenden Zeichner lassen den Schluss zu, dass die Fähigkeit zum Zeichnen bei Blinden vorhanden ist. Sie scheinen genau die gleichen Entwicklungsstufen des zeichnerischen Verhaltens wie die Sehenden durchzumachen. Dies werte ich als ein Zeichen dafür, dass bei Blinden trotz fehlendem Sehsinn eine Anlage zur Zeichenfähigkeit vorhanden ist, die durch Übung noch verbessert werden kann.

VII. SCHLUSS

Mit diesen beeindruckend ähnlichen Ergebnissen der Zeichnungen von blinden und sehenden Kindern möchte ich zeigen, dass die Kennzeichen bestimmter zeichnerischer Entwicklungsstufen auch in den Zeichnungen Blinder zum Ausdruck kommen. Dieses Phänomen macht deutlich, dass die Fähigkeit zum Zeichnen bei Blinden wie bei Sehenden ebenfalls gegeben ist. Auch aus dem Verhalten der blinden Versuchsteilnehmer ziehe ich den Schluss, dass das Zeichnen für sie durchaus sinnvoll ist. Man sollte sich daher bemühen, das Zeichnen verstärkt, soweit das durch die Entwicklung der Motorik möglich ist, von frühester Kindheit an auch in die Erziehung blinder Kinder mit einzubeziehen.

Die Stichprobe in meiner Untersuchung war aus organisatorischen Gründen mit fünf Personen sehr klein. Dennoch wage ich es aus dem dort beobachteten Verhalten der Blinden und deren Zeichnungen sowie den Versuchsergebnissen KENNEDYS, solche Schlüsse zu ziehen. Es wäre allerdings nötig, noch weitere Untersuchungen mit größeren Stichproben in Deutschland und anderen europäischen Ländern durchzuführen. Es sollten auch noch genauere Untersuchungen erfolgen, die das Verhältnis von Geburts-, Früh- und Späterblindung im Zusammenhang mit dem Zeichenverhalten analysieren. Außerdem wäre eine Erforschung über das Erkennen fremder Zeichnungen sowie über das Wiedererkennen des eigenen Bildes nach einem längerem Zeitraum bei Blinden interessant. Man könnte auch Überlegungen über eine Weiterentwicklung des Zeichenmaterials anstellen, mit dem man z.B. verschiedene Strichstärken oder Muster produzieren kann. Sehr wichtig für die Weiterentwicklung der Zeichenfähigkeit der Blinden wäre die Entwicklung eines Zeichentrainings. Hierzu müsste man die Zeichnungen einer Gruppe von Blinden über einen längeren Zeitraum beobachten, die Ergebnisse sammeln und diese nach Merkmalen der zeichnerischen Entwicklung untersuchen, um ein Zeichentraining auf diese Zielgruppe abstimmen zu können.

VIII. ABBILDUNGSVERZEICHNIS

IX. LITERATURVERZEICHNIS

Bentzen, B.: *Tangible Graphic Displays in the Education of the Blind Persons.* In: Schiff, W. & Foulke, E. (Hrsg.):Tactual Perception: A Sourcebook. Cambridge University Press 1982

Berlá, E.P.: *Haptic Perception of Tangible Graphic Displays.* In: Schiff, W. & Foulke, E. (Hrsg.):Tactual Perception: A Sourcebook. Cambridge University Press 1982

Carello, C.L., Rosenblum, L.& Grosofsky, A.: *Static Depiction of Movement.* Perception 15, S. 41-58. 1985

Ellis, A. W. & Young, A.: Einführung in die kognitive Neuropsychologie. Bern 1991

Gibson, J.J.: Die Sinne und der Prozess der Wahrnehmung. Bern, Stuttgart, Wien 1973

Glucksberg, S. & Keysar, B.: *Understanding Metaphorical Comparisons: Beyond Similarity.* Psychological Review. 97, S. 3-18. 1990

Goldstein, E.B.: Wahrnehmungspsychologie. Heidelberg; Berlin; Oxford 1997

Heller, M.A.: *Picture and Pattern Perception in the Sighted and the Blind: The Advantage of the Blind.* In: Perception. 18, S. 379-389. 1989

Heller, M. A. & Kennedy, J.M.: *Perspective Taking, Pictures and the Blind.* In: Perception and Psychophysics. 48, S. 459-466. 1990

Heller, M.A. & Schiff, W. (Hrsg.): The Psychology of Touch. Erlbaum 1991

Heller, M.A: *Haptic Perception in Blind People.* In: Heller, M.A. u. Schiff, W. (Hrsg.): The Psychology of Touch. Erlbaum 1991

Ives, W. & Rovet, J.: *The Role of Graphic Orientation in Children's Drawings of Familiar and Novel Objects at Rest and in Motion.* Merill-Palmer Quarterly 25, S. 281-292. 1979

Katz, D.: Der Aufbau der Tastwelt. Leipzig 1969

Kennedy, J.M.: *Metaphor in Pictures*. Perception.11, S. 589-605. 1982 a.

Kennedy, J.M.: *Haptic Pictures*. In: Schiff, W. & Foulke, E. (Hrsg.): Tactual Perception. S. 305-333. Cambridge University Press 1982 b.

Kennedy, J.M.: *What Can We Learn about Pictures from the Blind ?* American Scientist. 71, S. 19-26. 1983

Kennedy, J.M.: *Perspective and Vantage Points. The Psychology of Perspective and Renaissance Art.* Contemporary Psychology 33. S. 336-337. 1988

Kennedy, J.M., Gabias, P. & Nicholls, A.: *Tactile Pictures*. In: Heller, M.A.& Schiff, W. (Hrsg.): Touch Perception. Erlbaum 1991

Kennedy, J.M.: Drawing and the Blind. Pictures to Touch. Yale University Press 1993

Kennedy, J.M.: *Wie Blinde zeichnen*. Spektrum der Wissenschaft. S. 84-89. Ausgabe: März 1997

Lederman, S.J.: *The Perception of Texture by Touch.* In: Schiff, W. & Foulke, E. (Hrsg.):Tactual Perception: A Sourcebook. Cambridge University Press 1982

Lederman, S.J., Klatzky, R.L., Chataway, C. & Summers, C.: *Visual Mediation and the Haptic Recognition of Two-Dimensional Pictures of Common Objects*. Perception and Psychophysics 47. S. 54-64. 1990

Locke, J.: Versuch über den menschlichen Verstand. Bd. II, § 8. Berlin 1872

Luquet, G.: Le dessin enfantin. Paris 1927

Lusseyran, J.: Das Leben beginnt heute. Stuttgart 1976

Meili-Dworetzki, G.: Das Bild des Menschen in der Vorstellung und Darstellung des Kleinkindes. Bern/Stuttgart 1957

Millar, S.: *Visual Experience or Translation Rules ? Drawing the Human Figure by Blind and Sighted Children.* Perception 4. S. 363-371. 1975

Millar, S.: *The Utilisation of External and Movement Cues in Simple Spatial Tasks by Blind and Sighted Children.* Perception 8. S. 11-20. 1979

Millar, S.: *A Reversed Lag in the Recognition and Production of Tactual Drawings: Theoretical Implications for Haptic Coding.* In: Heller, M.A. & Schiff, W. (Hrsg.): The Psychology of Touch. Erlbaum 1991

Mühle, G.: Entwicklungspsychologie des zeichnerischen Gestaltens. München 1967

Piaget, J & Inhelder, B.: Die Entwicklung des räumlichen Denkens beim Kinde. Stuttgart 1971

Piaget, J & Inhelder, B.: Der Aufbau der Wirklichkeit beim Kinde. Gesammelte Werke Bd. 2. Stuttgart 1974

Piaget, J & Inhelder, B.: Die Entwicklung des räumlichen Denkens beim Kinde. Gesammelte Werke Bd. 6. Stuttgart 1975

Richter, H.-G.: Die Kinderzeichnung. Düsseldorf 1987

Schiff, W. & Foulke, E. (Hrsg.): Tactual Perception: A Sourcebook. Cambridge University Press 1982

Schuster, R.: Die Psychologie der Kinderzeichnung. Heidelberg 1993

Spitzer, K. & Lange, M. (Hrsg.): Tasten und Gestalten. Waldkirch 1982

Vernon, M.D.: Wahrnehmung und Erfahrung. Köln 1974

Widlöcher, D.: Was eine Kinderzeichnung verrät. Frankfurt a. M. 1995

Zilles, K. & Rehkämper, G.: Funktionelle Neuroanatomie. 2. Auflage. Berlin, Heidelberg 1994

Zeitfracht Medien GmbH
Ferdinand-Jühlke-Straße 7
99095 Erfurt, Deutschland
produktsicherheit@kolibri360.de